競馬で長期的に勝つための

馬券師バイブル

大串知広
（小倉の馬券師T）

contents

はじめに…………2
序　章…………6

第1章 基礎編 11
まずは近2走を凝視せよ
近3走のつながりを重視する
堅実な馬を買え
後続を見よ
レースレベルを考慮せよ
馬場の利を得た馬を買え
瞬発戦タイプと消耗戦タイプを意識せよ
同日のタイムと比較せよ

第2章 レースの見方編 47
4角の手応えが良かった馬を買え
反応◎
勝てそうなのに凡走した馬
早めに動いた馬
外を回った馬
直線Vライン
馬場の不利を被った馬を買え
逃げ馬の見方

第3章 重賞レース攻略編 99
重賞レースは適性を重視
コース実績をみる
中山向きか東京向きかを意識する
血統の扱い方
レース質とマッチした馬を買う
走法からコース適性を判断する

第4章 条件戦&馬券テクニック編 125
多くの候補から勝負馬を絞り込め
昇級戦は芝○、ダート×
トラックキャリアの浅い馬を買え
前崩れの展開を狙え
上がり1位馬の狙い所
枠の鉄則
大型馬の距離短縮
ダートは外枠のデカイ馬

第5章 実践編 157
ルミナスウォリアー
タガノトネール
サトノアラジン
ウインブライト
ゴールドアクター
ロードヴァンドール
サクラアンプルール
エテルナミノル
ジュールポレール
ワグネリアン

第6章 馬券師マインドセット編 179
二次的思考で勝利せよ
前回◎を打った馬を再考せよ
ひとつのマイナス要素で切るな
勝負馬が負けたシーンを想像してみる
資金管理を徹底しろ
目標の回収率は120％
常に長期的に考えろ
止まない雨はない

おわりに………… 204

協力 /JRA　写真 /JRA・榎田ルミ・橋本健　紙面提供 / 競馬ブック

馬券の〝法〟

《だが、勝つことを信じていた。戦は偶然や天佑で勝てるものではなく、学問からなる「法」によって勝てることを――》　横山光輝 著『三国志20巻』より

競馬で勝つには、確固とした『法』を身につける必要がある。法とは、競馬で勝つための正しい知識やノウハウのこと。『馬券の法』さえ身につければ、あなたは（長期的に勝ち続ける）〝真の勝ち組〟の仲間入りを果たすことになるだろう。

もちろん、短期的には、（そんな法など無関係に）〝運〟でプラス収支になることもある。運や勘や思い込みに頼った予想（＝間違った根拠を元にした予想）でも、短期的には大勝ちすることさえある。

だが、しょせん、運は運。運頼みは、そう長くは続かない。行き当たりばったりの予想では、一時的に勝つことはあっても、長期で勝ち続けることはまず不可能だ。

長期的にみれば、運は、あまりにも〝ぜい弱〟である。長期戦になるほど、運は鳴りを潜め、真の実力が露見する。そして、控除率という動かしがたい数字の前に、知らず知らずのうちに、体力を削られていくのである。

長期で勝ち続けたいなら、しっかりとした〝揺るぎない何か〟を持つ必要がある。

馬券師バイブル

馬券師の『法』を記した唯一無二の聖書《バイブル》

正確な羅針盤

競馬ファンの多くは、何の拠り所もなく（競馬という名の）長期戦を戦っている。そのときどきの有力情報に踊らされ、「勝った」「負けた」で一喜一憂している。しかし、それは、地図も羅針盤も持たずにヤマ勘で舵をとる船頭のようだ。とてもじゃないが、そんな無節操な方法では、目的地（＝プラス収支）にたどり着くことは出来ないだろう。彷徨い、いずれは海の藻クズとなって果てるのがオチである。私たちには、私たちを勝利へと導いてくれる正確な〝羅針盤〟が必要なのだ。

勝ち続けること

たまたま運で勝つことは重要ではない。重要なのは、これから先、（しっかりとした根拠をもとに）『勝ち続ける』ことである。最終的にモノを言うのは、確固とした勝てる技術（＝法）を持っているか否かなのである。

本書では、私が17年かけて構築した『勝つためのノウハウ』を、余すことなく〝したためた〟。どれも長期で勝つために欠かせない馬券のキモ、すなわち『法』である。この法を、しっかりと会得し、自身の血肉とし、長期で勝ち続ける〝真の実力〟を身につけて欲しいと思う。

注意点

本書で掲載したデータは、基本的に『単勝オッズ20倍以下』で集計している。これは、高配当部分を排除し、データの信憑性を高めるための措置である。くわしくは、前著『勝ちたい奴は「休み明け」を買え！〜逆を張る勇気が勝利を呼び込む〜』をご覧いただきたい。なお、単勝オッズ20倍超のデータを含める場合は、『全オッズ範囲』と記載する。データの集計期間は、2008年1月~2017年12月末までの10年間。

序章

最重要マインドセット

今からお伝えする内容は、一見すると、なんの変哲もない平凡な内容に思えるかも知れない。
しかし、これは、私が長年、競馬と格闘してきた中で、ようやく悟った〝真理〟とも言える考え。最も重要で、最も核となるマインドセットだ。私は予想をする際、この考えを片時も忘れないようにしている。競馬版『座右の銘』と言っていいだろう。穴馬券を獲る上で、非常に重要なマインドとなるので（他は全て忘れたとしても）これだけは覚えておいて欲しいと思う。

『穴でない穴』を狙え

競馬で勝つには、穴馬券を獲る必要がある。なぜなら、配当の低い人気馬ばかりでは、（割に合わない）スズメの涙ほどのリターンしか得られず、回収できないからだ。これでは（一時的に勝つことはできても）遅かれ早かれマイナス収支の憂き目をみることになる。

かと言って、穴を当てるのは難しい。穴馬は、もともと走る確率が低いのだ。だが、よく観察すると、同じ穴でも『2種類の穴』が存在することに気づく。

2種類の穴

穴には、2種類の穴が存在する。1つは、『いかにも穴』という穴。近走の内容はイマイチだが、穴のパターンには該当しており、プンプンといかにもニオう。過去に幾度となく、同じパターンで穴をあけており、今回も、と思わせる。

たとえば、次のような馬だ。

凡走つづきの馬が…

調教の動きが一変
得意コース替わり
鞍上強化など

他にも血統だったり、厩舎情報だったり、ビクンと食指が動く馬は少なくない。このような穴馬をみると、つい狙い撃ちしたくなるものだが…。本命には相応しくない。なぜなら、このような穴は、穴をあけることはあっても、決してその確率は高くはないからだ。当たりクジが含まれているのは確かでも、それ以上にハズレが多く、好走の確率は低いからである。

たとえば、'16年のエリザベス女王杯で、4番人気に支持されたタッチングスピーチ。同馬は、前年のエリザベス女王杯で3着の実績があった。さらに、鞍上は（過去スノーフェアリーで、エリザベス女王杯を連覇した）世界のムーア。たしかに臭いが、近3走は全く見せ場ナシの凡走続きだった。このような凡走続きでは、どれだけ穴の要素が揃っていようとも、高い好

買ってはいけない穴馬の典型例

16年エリザベス女王杯　タッチングスピーチ　4人気8着

(67.4)67.3 △◎△◎△△△ 9.8　←圜	56 ムーア 初騎乗	父ディープインパクト中　牝4 タッチングスピーチ リッスン母　鹿毛 Sadler's Wells 中長 サンデーRノーザンファーム	石坂栗0.1.0.1 3-1-2-6 逃0先0差2追2　2325 ・4カ月半休養・ 中14上-6月1000	2阪④4・3大阪杯GII11ト9 二〇芝内B2005福永54△ S37.9-34.1⑦⑧⑧⑥外 アンビシャス1.2 470 6ｼ6ﾑ 栗坂52.9 38.3 12.6⊟○	2東⑫5・29目黒記GII18ト6 二五芝C2310ルメール55○ S38.5-34.0⑯⑯⑰⑰中 クリプトグラ0.4 466 16ｼ2ﾑ 栗坂53.1 38.9 12.9⊟○	3阪⑧6・26宝塚記GI17ト12 二二芝内B2143浜中56 H37.1-37.2⑯⑰⑰⑮内 マリアライト1.5 468 13ｼ16ﾑ 栗坂52.8 38.4 12.3⊟○

近3走は9着、6着、12着と見せ場なく終わっていたタッチングスピーチ。しかし、「鞍上がムーア騎手に乗り替わった」というその一点の理由だけで人気が沸騰。だがやはり強調材料に乏しく、レースではアッサリ凡走した。

走率は望めない。結果は8着。これが、『いかにも穴』という穴の典型である。

穴でない穴

もう一つの穴は、『穴でない穴』だ。これは、近3走の内容をよく精査すれば、決して悪くないのに、まるで人気がない馬。上位人気に支持されても不思議はないが、下位人気に甘んじている馬。たんに、過小評価された馬のことである。中心視すべきはこちらの方である。なぜなら、このような馬は、たとえ人気がなくても、それなりの確率で走ってくるからだ。

普通の穴＝豪速球

穴でない穴と、普通の穴。この両者では、一体、何が、どう違うのか？　分かりやすいよう〝野球〟に例えて説明しよう。

まずは、普通の穴からだ。これは、時速160キロで飛んでくる内角高めの豪速球のようなもの。（二刀流のメジャーリーガー）大谷翔平の直球を想像してみて欲しい。

大谷の直球が、胸元をエグるように厳しいコースをついてきた。打者の手元でグイッと伸びて、気がつけばキャッチャーミットにボールが収まっている。フルスイングしてもバットは空を切るばかり。なんとか食らいついてバットに当てても、詰まらされてポップフライが関の山。それぐらい厳しいのが『普通の穴』なのだ。コースが厳しく、スピードも速いので打つのが難しい。けれども、芯でとらえることができれば（反発力が大きい分）大きく吹っ飛ぶ。

もしも、あなたが天才スラッガー（天才馬券師）なら、難しい球でも、躊躇なく、どんどん振っていけばいいだろう。振っているうちに一定の確率で大アタリ。当たった際に、一気に回収して、プラス収支に持ち込める。

けれども、（私と同じような）凡人ならば…できるだけ厳しい球には手を出すべきではない。なぜなら、凡人は（凡人だけに）凡打がつづく確率が高いからだ。

甘い球だけを狙い撃て

では、『穴でない穴』は？　これは、（投手の失投によって）すっぽ抜けたフォークのようなもの。球のスピードは遅く、すっぽ抜けているので打者の手元で落ちることもない。素人でも、たやすくホームランにできる。つまり、『甘い球』なのだ。

●穴でない穴（＝甘い球）…良い馬が、大多数の判断ミスにより過少評価された馬

我々は、（厳しい球ではなく）この甘い球を積極的に打ちにいかなければならない。

その昔、元・メジャーリーガーの松井秀喜選手が、「バッティングのコツは何か？」という問いに、こう答えた。「一番大事なのは、ピッチャーの失投を逃さず打つことです」と。

ここで注目すべきは、松井選手は、なにも「難しい球をうまく打つ」とは答えていない点だ。「甘い球を逃さず打つことが大事」と答えている。

どんなに優れたバッターでも、厳しいコースの球は打ちづらい。コーナーギリギリの厳しい球に手を出せば、いかに強打者と言えども凡打に終わる可能性が高いのである。

屈指のヘッドスピードを誇る松井選手でさえ、なるべく甘い球を打とうと心がけていたのだ。我々も、手当たり次第、馬券を買うのではなく、甘い球＝簡単に当てられる穴馬にだけ的を絞って買うべきではなかろうか。

素人でも獲れる馬券を逃さず獲る

私がこれまでに的中させてきた穴は、『穴でない穴』が多かった。「こりゃ、とても狙えんわ…」というような難しい穴は滅多にない。それどころか、あとで振り返ると「この馬、なんで、こんなに人気が無かったんだ…。これなら、オレにも獲れていたよ」というような馬ばかりである。

つまり、私の場合、素人でも狙えるカンタンな穴を狙っている訳だ。難しい穴には、極力手を出さず、カンタンな穴を〝逃さず仕留める〟ことに心血を注いで

いるのである。

たとえば、2015年のアメリカJCCを勝ったクリールカイザー。同馬は当時、G2戦で3着→2着→3着と安定した成績を残していた。過去に（今回と同舞台の）中山2200mで圧勝の実績があり、コース適性も文句なし。

だが、フタを開けてみれば、単勝オッズは13・8倍の人気薄だった。※これは、断然人気のゴールドシップが人気を吸い上げた格好だが、同馬は2走目のポカが出やすいタイプ。危険な人気馬だった。

2011年の皐月賞。勝ったオルフェーヴルの近3走は、重賞で2着→3着→1着。（着順だけでなく）レース内容もケチのつけようのない素晴らしいモノだったが、単勝オッズは10・8倍という人気薄に甘んじていた。

これらは、まさに穴でない穴の典型的な例と言える。

いかにも穴という穴は、内角高めの豪速球だ。どんなに凄い予想家でも、これをコンスタントに当て続けることは難しい。けれども、すっぽ抜けのフォークなら、誰でも（少々、予想下手でも）それなりの確率で当てることができるのだ。何もわざわざ、針の穴を通すような難しい穴狙いをする必要はないのである。

できるだけ難しい穴は狙わない（本命にしない）。難しい穴はヒモにとどめておいて、カンタンな穴馬（＝穴でない穴）を狙い撃ちにすべきだ。『穴でない穴』を逃さず獲ることが、プラス収支を達成するための、まず第一歩なのである。

chapter 1

基礎編

chapter 1 基礎編

まずは近2走を凝視せよ

近2走の内容がよい馬を買う

レース結果に一番直結するファクターは何か？　というと、それは『（着順を始めとする）近走の内容』だ。近走の内容こそ、今回走る・走らないを最も左右する。実際、データをみても、前走の着順がよいほど、好走率は（概ね）高くなっていることが分かる。

また、（前走の着順だけでなく）『2走前の着順』も同様に、今走の結果に影響する。試しに、前走を一律『同クラス5着』で固定し、『2走前の着順』ごとにデータを調べると、やはり、2走前の着順がよいほど好走率は高くなっていた。※ただし、着順の良さは、直にオッズへ反映されるので、回収できるかは、また別の話になる。

近走の内容がよい馬は、よく走る。逆に、近走の内容が悪い馬は走らない。狙うべきは近走の内容がよかった馬だ。

「何を今さら、当たり前のことを…」と思われたかも

■前走（同級）5着固定

2走前着順	複勝率	総数
同級 1着	37.6%	109
同級 2着	40.5%	2337
同級 3着	34.0%	2565
同級 4着	29.6%	2588
同級 5着	26.7%	2541
同級 6~9着	23.4%	7877
同級 10着～	18.8%	5738

■前走着順別成績

前走着順	複勝率	総数
同級 1着	42.0%	1715
同級 2着	49.8%	30163
同級 3着	39.9%	30093
同級 4着	31.8%	30022
同級 5着	26.0%	29920
同級 6~9着	17.1%	110027
同級 10着～	8.5%	130947

＊全オッズ範囲　＊地方・海外を除く
＊同級1着の複勝率が低いのは『休み明け』が多いため。勝って同条件となる馬は、休養中にクラス編成の時期を迎えて降級のパターンが多い。

しれないが…。その当たり前のことを、私たちは、案外、なおざりにしている。スポーツ紙の有力情報に踊らされたり、穴の要素に惹かれたり。競馬新聞に◎印が並んでいるからと安心してしまったり。

結果的に、私たちは、なんだかんだで近走がイマイチの馬を本命にしてしまっているのである。それで、レース後、ようやく冷静になり、「なんで、こんなイマイチな馬と心中しちゃったんだ!?」と、自責の念にかられたりする。

まずは、近2走。近2走内に評価できる『3着内』、もしくはそれに準ずるレース内容が最低限、欲しいところ。言うまでもなく、その3着内は、恵まれた3着内ではなく、しっかりと中身の濃い3着内が望ましい。字面の着順が良いだけで中身が伴わない3着内なら、それは〝着外〟に等しい。

一方で、『3着外』だったとしても、内容が良ければ、好走（3着内）と同じだけの価値がある。※だから、ここで言う『評価できるレース内容』とは、必ずしも上位の着順を指すものではない。

たしかに、大敗続きの馬が大穴を演出することはある。だが、それは、しょせん〝狙えない穴〟。結果的に走ったというだけの話で、走る確率は極端に低いのである。

近走がイマイチの馬を狙う無謀さ

私も昔は、『穴っぽい穴』を狙っていた時期があった。近走の内容は、たいして気にせず、〝穴パターン〟に該当した馬をどんどん買った。その結果、どうなったか？　ある時期に、悲惨なほどの大スランプに陥ってしまったのだ。一撃の破壊力は大きいので、ドカンとプラス収支に反転することもあったが、とにかく不振のトンネルが果てしなく長かった。

穴っぽい穴は、極端に的中率が低いため、一度、負のスパイラルにハマり込むと、なかなか抜け出せなくなる。まるで泥沼地獄・アリ地獄だ。

だからこそ、私は頑として『穴でない穴』を狙う。泥沼にハマり込むリスクを回避するため、『穴っぽい穴』には、極力、手を出さない（中心視しない）のである。どれだけ追い切りの動きが良かろうが、よい騎手に乗

狙ってはダメな例

■16年香港カップ　エイシンヒカリ　2人気10着

1	①	129 ▲▲○▲▲▲△ 5.5	57	武 豊	㊛ディープインパクト㊥ 牡5芦毛 エイシンヒカリ キャタリナ㊤ ㈱栄進堂 Storm Cat ㊭ 木田牧場	坂口則㊑1.0.0.1◎ 10－0－0－4④ 逃8先2差0追0 19560 ・・⑫・・・・・	㊕6・15アスコット 6ト6 プリンスオブウェールズSGI 4ヶ1ヶ 亖芝右重2121武 豊57 マイドリーム0.8 逃げバテ	4東⑨10・30天皇賞GI15ト12 亖芝B2006武 豊58△ S36.9－35.5①①①①内 モーリス1.3 502 1ヶ2ヶ

前走は1.3秒差の12着。2走前はシンガリ負け。近2走は、自分の形(逃げ)に持ち込みながら、全くいいところが無かった。それでも、過去の実績が評価され、2番人気に祭り上げられていた。

り替わろうが、『近走でいいところナシ』の馬を本命にすべきではない。無謀な穴狙いは、果敢な勇気ではなく、〝匹夫の勇〟に過ぎないのである。

着順の基礎

ここで、着順の基礎について説明しよう。

まず、一番重要なのは『前走』だ。基本的な話として、着順の重要度は『3走前→2走前→前走』の順で高くなる。

日が近いほど、(当時の着順と)今走の結果はリンクしやすくなる。極端な話、もの凄い強さで圧勝しても、それが〝20走前〟なら、今回の結果とは、ほぼ無関係だろう。

たとえば、レース内容が、それぞれ以下のような評価の(2頭の)馬がいたとする。※○、×はレース内容の評価(◎バツグン、○良い内容、△マズマズ、×評価できず)。

2走前○ ⬇ 前走○

2走前× ⬇ 前走×

この場合、評価できるのは無論、『前者（2走前〇→前走〇）』の方だ。

▼2走前〇⬇前走〇

2走前×⬇前走×

この理由は、分かると思う。前者は（直近となる）前走のレース内容が〇評価。加えて、2走前も〇評価である（連続〇評価）。対する後者は、直近のレース内容が×評価。さらに2走前も×評価である。では、次の場合はどうか？

2走前〇⬇前走×

2走前×⬇前走〇

このケースでは、『後者』に軍配があがる。

2走前〇⬇前走×

▼2走前×⬇前走〇

なぜなら、（一番結果とリンクしやすい）『直近のレース内容』は、後者の方が勝っているからだ。（先に述べたように）着順の重要度は、『3走前→2走前→前走』の順で高くなる。したがって、2走前〇評価よりも、前走〇評価の方が、格段に重みがある訳だ。ここまでは、基礎の話である。

まとめ

直近のレース内容が、今走の結果と一番リンクする。前走の内容は、良いに越したことはない。

『好→凡』巻き返しパターン

では、次の場合はどうか？

2走前×⬇前走〇

2走前◎⬇前走△

かたや、前走が〇評価。かたや前走が△評価（ただし、2走前が◎評価）。この場合、（一概には言えないが）『後者（2走前◎→前走△）』の方が評価できる。

2走前×⬇前走○

▼2走前◎⬇前走△

（後者の方は）前走のレース内容こそ△評価だが、2走前がバツグン（◎）だ。仮に、前走（△）の敗因がハッキリしているなら、人気が落ちる分、こちらの方（2走前◎→前走△）に妙味がある。

一方、前者の方は、前走のレース内容が○評価で悪くないのだが、2走前が×評価。やや信頼度に欠ける。

危険なパターン

次のようなパターンの馬は危険である。

2走前 10着⬇前走 3着（※スロー先行）

2走前が10着、前走がスロー先行で3着。このケースだと、まず前走はスローペースを先行しただけの3着なので、あまり評価はできない（評価△）。そして、2走前は10着大敗（評価×）。すなわち、『2走前×→前走△』の評価。10着→（当てにならない）3着となり、これでは本当に近走で充実しているかは疑わしい。だが、これがもし、2走前で好走しているなら、話は別だ。

2走前 3着⬇前走 3着（※スロー先行）

2走前に3着好走。（前走は△評価の3着だが）連続好走となり、（先の例よりは）信頼度は上がる。仮に、2走前の内容がよければ、前走は『好調キープ』とみなすことができる。

だが、2走前が10着の場合、前走の3着は『ペースに恵まれた分、好走できた』可能性が高くなる。仮に、まともなペースなら、凡走していた可能性が高い。低評価が続くので、信頼度はイマイチだ。

デキ落ちの可能性が高いのは？

前走で何らかの〝不利〟があって『大敗』したとしよう。前走で不利があって大敗したが、2走前のレース内容はバツグンだったとする。

2走前◎（バツグン）⬇前走大敗（不利あり）

この場合、前走の大敗は（デキ落ちが敗因ではなく）「不利によって負けた可能性が高い」と推測できる。なぜなら、（2走前の）バツグンだったレース内容から一転、次走で急激にデキが下降して大敗することは、考えづらいからだ。

しかし、2走前の内容がイマイチだったとしたら、どうだろう？　前走の大敗は、徐々に調子を落とした末の大敗かもしれない。前走は、仮に不利がなくても、どのみち凡走していた可能性が高いのだ。

2走前△（イマイチ）⬇前走大敗（不利あり）

前走で不利があって負けた場合、2走前のレース内容によって、評価は大きく変わるのである。

デキが良いのに負けた馬を狙う

仮に、前走で凡走した場合、それが『デキ落ち』によるモノなのか？　それとも、デキ自体は問題なく、その他の要因（条件不向き、馬場、展開など）で凡走したのかを、よく見極める必要がある。狙うべきは、デキが悪くて負けた馬ではなく、『デキが良いにもかかわらず負けた馬』の方だ。

実は、（凡走から）巻き返す馬の多くは『もともと調子が良かった馬』である。調子は良かったが、なんらかの原因で着順を落とした。その原因は気性の問題かもしれないし、道中の不利かもしれない。あるいは条件が不向きだったのかもしれない。

とにかく、何らかの『敗因』がある。〝その敗因さえ無ければ、おそらく好走していただろう〟という馬が、次走で巻き返すのだ。敗因はさまざまで、

・不向きな条件（距離、トラック、レース質）
・不利（物理的不利、馬場、枠、展開）
・気性的な問題（砂被り、先行できず）など

このような馬（デキが良いにもかかわらず凡走した馬）は、次走以降、条件替わりなどで、あっさりと巻き返す。調子自体は悪くないのだから、条件さえ整えば当然のように走ってくる訳だ。『調子が良くて負けた馬』を見つけ出すことが、穴馬券を獲る上で、ひとつの重要なポイントとなるのである。

これが、もし、本当に『不調（＝デキ下降）』によって着順を落としたのなら深刻だ。なぜなら、大抵、そのまま下降線をたどるからだ。馬そのものが沈滞している状況では、いくら条件を変えたところで巻き返しようがない。

本書では、さまざまな馬券テクニックを紹介しているが、これは『デキが下降していない』という前提のもとで話している。つまり、いくら期待できるパターンに該当していても、デキが下降して不振に陥っている馬では『好走の見込みは薄い』ということだ。

近3走のつながりを重視する

好内容のバトンはつながっているか？

近2走をチェックしたら、次は『近3走』まで範囲を広げる。近3走まで、くまなくチェックできれば、おおむね、その馬の（現状の）デキや能力は把握できる。一番狙えるのは〝近3走のレース内容がすべて良い馬〟。すなわち、以下のような形の馬だ。

3走前◎⬇2走前◎⬇前走◎

（当たり前だが）、一番理想的な形だ。【3走前×→2走前◎→前走◎】よりも【3走前◎→2走前◎→前走◎】の方が評価できるのである。

「当たり前すぎて、聞く気が失せました…」と思われたかもしれない。だが、この本を閉じる前に、一度よく考えてみて欲しいのだ。『近3走のつながり』について―。

つながりとは？

一番、理想的な形は【3走前◎→2走前◎→前走◎】と話した。この形がよい理由は、近3走で『つながり』がある点だ。つながりとは、要するに『好内容が続いている』ということ。3走前→2走前→前走と、〝好内容のバトン〟がキチンと手渡されている。途中で誰かがバトンを落としていない（＝不可解な凡走がない）状態だ。

逆に、好内容のバトンが途切れている馬は狙いづらい。たとえば、近3走のレース内容が以下のような馬だ。

3走前×⬇2走前×⬇前走◎

この馬は、たしかに前走だけみれば、強かったかもしれない。だが、3走前、2走前はサッパリだ。これでは、とても全幅の信頼を置くことはできない。好走のバトンが〝途切れた状態〟である。

いくら、前走が強くても、近3走のつながりが無い馬は中心視しづらい。なぜなら、前走は〝突発的な激走〟だったかもしれないからだ。仮に、突発的な激走なら、反動の心配があるし、もう一度激走してくれる保証はどこにもない。（気性に問題があって成績が安定しない）〝ムラ馬〟という懸念も残る。ヒモなら構わないが、本命には相応しくないのである。

つながりがあるパターン

一番の理想は、【3走前◎→2走前◎→前走◎】の形。だが、なにも、連続で好走中の馬だけが、つながりがある訳ではない。たとえば、次のようなケース。

3走前△➡2走前○➡前走◎

このケースでも、つながりは〝ある〟。3走前はマズマズだが、2走前が良い内容、前走はバッグン。3走前→2走前→前走という具合に、尻上がりにレース内容が良化している。つまり、『徐々に調子を上げている』と判断できる。もし、3走前が『休み明け』なら、叩きつつ良化していると判断できるだろう。では、次のケースはどうか。

3走前○➡2走前○➡前走○

このケースでは、バッグンのレース内容こそ含まれていないが、近3走はそれなりの水準で安定している。つまり、つながりがある。この点において、【3走前×→2走前×→前走○】よりも評価できるのである。

つながり『有り』の例

■17年皐月賞　アルアイン　9人気1着

関西(58.4)61.3 ::::::△ 18.8 ←園	松 57 山 1000	㊛ディープインパクト㊥ 牡3 アルアイン ドバイマジェスティ㊍ 鹿毛 Essence of Dubai㊥ サンデーR ノーザンファーム	池江寿㊑1.0.0.1 3-0-0-1 0 1 2 0 2800 ・・・・・・①・・ 中2週 0 0 0 0	5阪⑦12・23千両500 15ト 1 芝外B1365シュミノ55○ M36.7-35.1 5 6 7 外 0.2キョウヘイ 518 5 1 栗坂 63.1 46.7 14.4 ○	1京③1・8シン記GIII 15ト 6 芝外A1384シュミノ56△ H35.0-38.2 7 5 ⑥ 外 キョウヘイ0.8 514 7 2 CW❹52.6 38.0 12.2 ○	2阪①3・25毎日杯GIII 8ト 1 芝外A1465松 山56△ S35.8-34.3 2 2 2 内 0.1サトノアーサ 520 3 2 CW❹53.3 38.6 11.7 ○

2走前のシンザン記念(6着)は、直線でまともに挟まれる致命的な不利。度外視できる一戦だった。その2走前を除けば、すべて1着という非の打ちどころのない成績だった。

つながり『無し』の例

■16年アメリカJCC　サトノラーゼン　1人気10着

関西(62.1)63.4 ◎○▲▲▲▲◉ 3.4 ←園	F ベリー 56 初騎乗	㊛ディープインパクト㊥ 牡4 サトノラーゼン トゥービー㊩ 鹿毛 Intikhab㊥ 里見治 ノーザンファーム	池江寿㊑0.0.0.0 3-4-3-2 0 3 4 0 7500 ・3カ月休養・・ 中12週 0 0 0 0	2東⑫5・31ダービGI 18ト 2 芝C2235岩 田57 M36.7-34.2 9 9 9 7 内 ドゥラメンテ0.3 454 1 5 CW❹53.7 40.6 13.1 ○	4中山⑤9・21セン記GII 15ト 7 芝外B2141岩 田56◎ M37.8-34.5 9 9 10 8 中 キタサンブラ0.3 462 6 1 CW❺70.3 40.3 12.5 ○	4京⑦10・25菊花賞GI 18ト 5 芝外A3044岩 田57▲ M37.3-35.3 8 9 12 12 内 キタサンブラ0.5 460 2 3 CW❹54.7 39.9 12.4 ○

前走の菊花賞(5着)はソコソコの内容だったが…2走前のセントライト記念(7着)は、とくに不利もないのにイマイチ伸び切れず。近3走で、つながりがあるとは言い難い。

敗因はあるか？

凡走したときに、（敗因ありの）『言い訳できる凡走』だったのか、それとも『訳のわからない凡走』だったのか、によっても〝近3走のつながり〟具合は変わってくる。

たとえば、【3着→10着→3着】という成績の馬がいたとしよう。このとき、2走前の10着に確固とした敗因があるのなら、近3走のつながりは〝維持された〟状態だ。

○つながり有り

3着⬇10着（敗因あり）⬇3着

たとえば、直線で前が詰まって全く追えなかったとか、明らかに適性が不向きだった等。明確な敗因があり、大敗止むなしなら、目をつむれる。（決して高評価はできないが）「度外視できる10着だった」と酌量できる。この場合、好走のバトンはつながった状態だ。

しかし、2走前の10着が、（敗因不明の）『訳のわからない10着』なら、近3走のつながりは〝無い〟。好走のバトンは途切れてしまった状態だ。

△つながり無し

3着⬇10着（敗因なし）⬇3着

同じ近3走でも『つながり有り＞つながり無し』の評価。近3走内に凡走が含まれている場合、明確な敗因があるに越したことはない。仮に、まったく同じ近3走の成績だったとしても、〝つながりの有無〟によって、評価は大きく変わるのである。

『目をつむれる大敗』には、以下のようなものがある。

- **適性のないトラック（芝・ダート）**
- **致命的な不利**
- **道悪（「ノメった」コメントあり）**
- **明らかに格上のレースや海外など**

近3走のうち、（上記敗因による）大敗が1つだけ含まれている。あとの2走が好内容ならば、つながりは維持されている。※大敗した場合、『その不利が無ければ、上位にきていたか?』を、考えるといい。

休み明けの位置

【3走前×→2走前○→前走○】という馬がいたとする。このケースだと、つながりは〝弱い〟。なぜなら、2走前(○)→前走(○)と好走のバトンはつながっているが、3走前(×)がダメ。つながりは近2走のみ。『近3走のつながり』という点では不合格だ。ところが、次のように『休み明け』を挟むとどうだろう?

3走前×⬇【休み明け】2走前○⬇前走○

3走前に凡走した後、放牧へ。休み明けを挟んだ2走前から好内容が続いている(つまり、今回が叩き3走目)。このパターンについては、つながりは〝ある〟。なぜなら、2走前の休み明けでリセットして立て直した、と読み取れるからだ。近3走とも好内容の馬には劣るが、つながりという点では一応、合格である。

つながりのある馬を本命に据える

本命に据える馬は、つながりのある馬が望ましい。いつ走るか分からない〝気分屋〟では、軸として心もとない。アテにならない気分屋に大事なお金を託すのは、それこそ一か八かの賭けである。いくら、こちらが会心の予想をしても、その馬の気分次第で不的中になるのでは、戦略は成り立たない。これでは、いつまで経っても、馬券の成績は不安定のままだろう。ムラ馬では、本命の大役はつとまらないのである。※とくに下級条件では、(アテにならない馬が多い分)つながりの有る馬を本命に据えることが望ましい。

もちろん、つながりの無い馬が好走することはある。後からみれば、そんな事例はいくらでもあるだろう。だが、それはあくまで『後からみれば』の話。多くの該当馬の中から少数が走っただけで、確率そのものは低い。(高い打率が要求される)『本命』には不相応な馬なのである。

逆に、近3走でつながりのある馬を本命に据えれば、グッと安定感が増す。きちんと理にかなった予想さえできれば、限りなく的中に近づくのである。

近3走で好内容が続いているか？　近3走で凡走が含まれている場合、ハッキリと敗因があるか？　本命に相応しいのは近3走で『つながりのある馬』だ。

堅実な馬を買え

ムラな馬は中心視しづらい

競馬は、不確定要素が多い。出遅れ、不利、故障…。常に不測の事態と隣り合わせだ。また、仮に馬自身はしっかり走ったとしても、必ずしも上位に入線するとは限らない。騎手がペースを見誤ったり、外々を回されたり、不利を受けたりすれば、平気で下位の着順に沈む。競馬は、コンマ数秒という刹那で勝敗を決する世界。それだけに、わずかなほころびが、結果的に致命傷となりかねない。

そんな不安定かつ、不確定要素の多い競馬で、『ムラな馬』を買っていると、それこそ金はいくらあっても足りなくなる。ただでさえ、好走を阻む要素が多い中で、馬が気まぐれで走ったり走らなかったりでは、お話にならない。そこで、頼りになるのが『堅実な馬』だ。堅実な馬を中心視すれば、おのずから馬券の成績は安定へと向かうだろう。

堅実な馬は強い

まず、根本的な話として、次のことは頭に入れておいた方がよい。

『堅実な馬は強い』

少なくとも、堅実な馬に弱い馬はいない。なぜ、そんなことが言えるのか？　その理由は、堅実な馬は〝調子のいいときでも、悪いときでも〟関係なく走っているからだ。

調子がいいときに好走するのは、まあ当然の話だ。だが、調子が悪いときにも好走するには、高い能力が必須。高い能力があればこそ、デキが下降していても、それを地力の高さでカバーし、馬券内に食い込める訳だ。

A級ピッチャーと、B級ピッチャー

野球のピッチャーを想像してみて欲しい。B級のピッチャーは、調子のいいときは球が走っているので抑えられる。だが、調子が悪いと、すぐにノックアウトだ。フォアボールを連発したり、カンタンに一発を浴びるなど大量失点して崩れるケースも目立つ。

だが、A級（エース級）のピッチャーは違う。調子のいいときはもちろんのこと、調子が悪いときでも悪いなりに粘って試合を作る。ノラリクラリと投げて4失点ぐらいで切り抜ける。これがA級とB級の違いだ。

堅実な馬は能力が高く、調子が悪くても能力でギリギリ3着に残れたりする。だから結果的に、堅実な成績になる。

もし、甲乙つけがたい2頭の馬がいたら、私は迷わず堅実な方を選択する。堅実な馬は目論見どおり走ってくれることが多いので、きちんと計算が成り立つからだ。

※堅実な馬の線引きは、トータルの『複勝率』で判断する。同一トラック（芝なら芝、ダートならダート）の複勝率が条件戦で『55％』以上、重賞レースで『75％』を超えているようなら、堅実な馬として注目に値する（ただし、全体のキャリアが浅い馬は除く）。トータルの複勝率は低くても、『近10戦の複勝率が8割以上』なら堅実な馬とする。

堅実な馬が崩れたら

堅実な馬がガタッと崩れたら、どう判断すればいいだろうか？　たとえば、ずっと2〜3着を繰り返していた馬が、突如10着に沈んだら？　これはケースバイケースだが、とりあえずマークはすべきだ。もちろん、それは極度の不振によって、堅実駆けにピリオドが打たれた可能性がある。だが、〝これまで長きに亘って積み重ねてきた実績〟。その評価がわずか一度の敗戦によって地に落ちるのであれば、（オッズ的に）これほどオイシイ話はないのである。しっかりとした敗因さえ掴めれば、次走は積極的に買いとなる。（堅実駆けの人気落ちを狙うやり方は）『穴でない穴を狙え』という私の基本理念にも通じる。

堅実な馬が人気落ちで激走した例

２０１５年のヴィクトリアマイル。同レースを、５番人気で勝利したストレイトガールは、前走で13着の大敗を喫していた。だが、それ以前はずっと安定した走り。大きく負けたのは、前が壁でまったく追えなかった函館スプリントＳ（11着）のみ。近15戦中、13戦で馬券内という、とてつもなく堅実な走りを続けていた。

２０１５年の有馬記念。８番人気で勝利したゴールドアクターは、それまでの複勝率が『７割超』。（覚醒した）３歳夏以降に限れば、６戦５勝、３着１回（菊花賞３着）と、限りなくパーフェクトに近い成績を残していた。

２０１６年の中山牝馬Ｓ。４番人気で勝ったシュンドルボンは、前走でワケありの敗戦を喫したが、近10戦の連対率は７割に達していた。

このように、堅実な馬が人気薄で激走した例は枚挙にいとまがない。仮に前走で凡走していても、間隔を開けたり、条件替わりで巻き返すパターンは多い。

堅実な馬は芝レースで狙い

堅実な馬が、より評価できるのは『芝レース』だ。なぜなら、芝レースはダートに比べて連続で好走しづらい性質があるからだ。※連続で好走しづらい理由は、芝の方が時計が速く、疲労がたまりやすいから。そんな（連続で好走しづらい）芝レースで堅実に走れる馬は、まず能力が高い、とみて間違いないだろう。

『**堅実な馬は強い**』

堅実な馬であっても、何らかの理由で人気を落とすケースがある。このようなケースでは、その場の空気に流されず、冷静に（これまで積み重ねてきた）過去の堅実な走りを思い出すようにしたい。

後続を見よ

後続につけた差をみる

突然だが、ここで質問だ。（左ページ下部記載の）A、Bのうち、高く評価できるのは、どちらの馬だろうか？

※5着以下の馬をじっくり観察して頂きたい。

Aコクラクリチャン、Bコクラテイオー。どちらも、前走の着順は4着。着差は、同じ0・3秒差。着順も着差も同じ。では一体、この2頭のどこが違うのか？それは『後続につけた差』だ。

Aのコクラクリチャンの場合、後続との差はわずか。後続にハナ、ハナ、アタマ差の4着で、7着馬と、ほとんど差がない。

一方、Bのコクラテイオーは、後続に〝5馬身〟もの差をつけている。さらに、5着馬と6着馬との差も開いている。かたや後続と僅差。かたや後続と大きな差。どちらの価値が高いか、もうお分かりだろう。

冒頭に出した質問の答えは、（後続に5馬身の差をつけた）Bコクラテイオーの方である。

Aのコクラクリチャンは、一応4着ではあるが、7着馬と、ほとんど差がない。ともすれば、ほんのちょっとした展開のアヤなどで7着になっていた可能性がある。つまり、〝紙一重〟の4着だ。

一方、Bコクラテイオーの4着は、同じ4着でも、後続（5着）に5馬身もの大差をつけている。ちょっとやそっとじゃ動じない〝盤石の4着〟と言える訳だ。

オイシイのはどちらか？

ここでもう一度、コクラクリチャン4着時の成績をよく観察してもらいたい。『次走でオイシイ穴馬』が潜んでいるのだが、どの馬かお分かりだろうか？

答えを言うと、7着の馬である。この7着馬は着順こそ悪いものの、4着のコクラクリチャンと、たいして差がない。つまり、ちょっとした仕掛けのタイミング、通った進路、展開などのサジ加減ひとつで4着に好走していた可能性がある。

たいして差が無いのであれば、（4着に走ってしまった）コクラクリチャンより、7着馬の方がオッズ的には妙味がある。※仮に、勝ち馬が〝圧勝〟なら、（2着とは僅差でも）『着差』は開いてみえるので、余計にオッズの妙味は発生しやすい。

もちろん、さまざまなケースがあるので、一概に妙味があるとは言い切れない。たとえば、スローなら接戦になりやすいし、（芝で）道悪なら差は開きやすいだろう。展開等に恵まれただけなら、狙っても結果は知

A：コクラクリチャン	
1着	○○○○○
2着	○○○○○
3着	○○○○○
4着	コクラクリチャン（0.3差）
5着	ハナ差
6着	ハナ差
7着	アタマ差

B：コクラテイオー	
1着	○○○○○
2着	○○○○○
3着	○○○○○
4着	コクラテイオー（0.3差）
5着	5馬身差
6着	2馬身差
7着	クビ差

れている。だが、不利な条件が重なって一歩及ばずの凡走なら、妙味がある分、次走で狙う価値はあるのだ。

後続との差は、時計以外でレースの価値を測れる貴重な情報源だ。これを活用することで、予想の幅が広がることは請け合いである。前との差（着差）ばかりを気にして、後ろがお留守の予想にならぬよう『後続との差』にも注意を払いたい。

例1 リッチーリッチー
17年白鷺特別　1着（次走1人気1着）

着順	馬名	着差
1着	リッチーリッチー	
2着	ララエクラテール	アタマ
3着	ビップレボルシオン	5馬身
4着	ケイブルグラム	3馬身半
5着	ニホンピロカーン	クビ

白鷺特別を勝利したのはリッチーリッチー。着差は、わずかにアタマ差だったが、3着馬には『5馬身の差』、4着馬には、さらに『3馬身半の差』をつけていた。僅差の勝利だったが、（3着以下の）後続には、大きな差をつけていた。次走、昇級で1着。

例2 バトルグランドリイ
17年彦星賞3着（次走7着）

着順	馬名	着差
1着	ブラックバード	
2着	ジュンザワールド	1 1/4馬身
3着	バトルグランドリイ	1/2馬身
4着	チェルカトーレ	アタマ
5着	プレイヤード	クビ
6着	フェルクレール	ハナ
7着	フリームーヴメント	ハナ
8着	ヴァイスジーニー	ハナ
9着	クラウンスカイ	クビ
10着	ポンポン	アタマ
11着	サンクタリリアス	クビ

バトルグランドリイは、彦星賞で9番人気3着に好走。だが、8着馬とはタイム差ナシ。さらに、11着馬とも0.1秒しか差がなかった。つまり、ギリギリの3着であって、一歩間違えば、二ケタ着順に沈んでいたかもしれない。なんとか3着の体裁は保ったものの、"薄氷の3着"だったことが分かる。しかも、その3着の前の2走は10着→17着と連続で大敗していた。つまり、この3着は信用のおけない怪しい3着だったのだ。次走、7着に凡走。

A：コクラクリチャン

1着　○○○○○
2着　○○○○○
3着　○○○○○
4着　コクラクリチャン（0.3差）
5着　ハナ差
6着　ハナ差
7着　アタマ差 ←

このケースで、最も才ッズ妙味が発生しやすいのは（4着と差がない）7着馬である。

レースレベルを考慮せよ

レースレベルには偏りが生じる

2008年。『伝説の新馬戦』と呼ばれたレースがある。

1着　アンライバルド
2着　リーチザクラウン
3着　ブエナビスタ
4着　スリーロールス
5着　エーシンビートロン

1着アンライバルドは、後の皐月賞馬。2着リーチザクラウンは、きさらぎ賞を勝ち、ダービーでも2着。3着ブエナビスタは、ジャパンカップ、天皇賞秋などG1で6勝をあげた名牝。4着スリーロールスは後の菊花賞馬。5着エーシンビートロンは、地方G3を圧勝。

1着賞金700万円ほどの新馬戦に、のちのG1級が、大挙して出走していたのである。これは極端な例だが、同じクラスでも、レベルの高いレースと、レベルの低いレースとが存在する。強い馬が、（各レースに）まんべんなく均一に出走するとは限らず、1つのレースに偏ることもあるのだ。言うまでもなく、狙うべきは、レベルの高いレースに出走していた馬である。

同じ5着でも雲泥の差

たとえば、前走で5着の馬がいたとする。もし、その5着が、『低レベル戦の5着』だったら、どうだろう？　5着とは言え、実質的には8着程度の価値でしかない可能性が考えられる。逆にハイレベル戦の5着なら、（5着ではなく）2着ぐらいの価値があってもおかしくない。

同じ5着でも、かたや2着の価値、かたや8着の価値。5着という字面の着順は同じでも、（実質的な価値には）大きな隔たりがある。どちらも、馬柱には同じ『5着』と刻まれるのだから、レベルの高い方を選択した方が、長期でみれば正解なのである。

レースレベル判定法

では、どのようにして、レベルの高低を判断するのか？方法は2つある。

①前走の成績

（レース前の段階で）前走で好走している〝好調馬〟が、多く出走していたら、ハイレベル戦。逆に、凡走つづきの馬や、昇級初戦の馬が多い場合は、低レベル戦と判定できる。

私の場合、【前走で4着内相当の馬（同クラス以上）】が『6頭以上』いるレースを、ハイレベル戦と定義。逆に、上記の該当馬が『2頭以下』の場合を低レベル戦としている。※前走4着内ではないが、それと同等の価値があると判断した場合は、好調馬としてカウントする。前走がソコソコの馬は『半好調馬』として0・5頭でカウント。前走4着内でも、長期休養明けなど、マイナス面が強い場合はカウントしないこともある。

例1の木曽川特別は、（前走で好走している）好調馬が延べ『8頭』出走。通常のレースでは、せいぜい好調馬は3頭前後だから、8頭はかなり多い部類だ。好調馬が乱立する〝群雄割拠〟のハイレベル戦だったと言える。このレースから、次走以降、多くの激走馬が輩出された。

例1 ハイレベル戦
17年木曽川特別
（1000万条件）

馬名	前走成績
デンコウインパルス	同級 3着
カラビナ	同級 1着
ヴァフラーム	同級 2着
ポポカテペトル	3歳G2 4着
ララエクラテール	同級 4着
サトノリュウガ	3歳OP 4着
ルックトゥワイス	同級 1着
ショパン	格上 3着

好調馬（前走4着内相当） **計8頭**

例2の小豆島特別は、8頭立ての少頭数ではあったが、好調馬が『7頭』のハイレベル戦。注目は、このレースで7着だったディープウェーブだ。同馬は（現級で）4着→3着ときて、ハイレベル戦で7着。8頭立ての7着だから、いかにもダメっぽい印象を受けるが、上がりは（2位の）32・5秒をマーク。かなりの脚を使っていた。強い相手に阻まれて着順を落としただけで、決して悪い内容ではなかったのだ。次走、11番人気（単オッズ66・5倍）3着に激走。

②次走の成績をみる

①のレベル判定法では、出走馬の『前走』の成績に着目した。その上で、今度は、『次走』の成績も確認する。次走以降で好走した馬が多ければ、『ハイレベルメンバーだった』と判断できる。

※次走〝以降〟としたのは、次走はポカや、条件が不向きで凡走する馬もいるため。

●勝ち馬は、昇級後も通用しているか？　●2〜4着に好走した馬は、引き続き好走しているか？　●凡走した馬の中で、次走以降に巻き返した馬はいるか？

例2 ハイレベル戦
17年小豆島特別
（1000万条件）

馬名	前走成績
ラプソディーア	下級 1着*圧勝
ディープウェーブ	同級 3着
カイザーバル	同級 1着
ソーグリッタリング	下級 1着*楽勝
ワントゥワン	格上 5着
エーティーサンダー	同級 4着
イレイション	同級 3着

好調馬（前走4着内相当）　**計7頭**

例3 ハイレベル戦
16年未勝利戦（2016.1.23）

着順	馬名	次走成績
1着	ミライヘノツバサ	次走 5人気1着
2着	ユニゾンデライト	次走 1人気1着
3着	マイネルクラフト	次走 2人気1着
4着	メゾンリー	次走 1人気1着
5着	アルマイオラニ	次走 不出走
6着	コウキチョウサン	次走 8人気4着
7着	アスコットチャンプ	次走 5人気3着
8着	アメンボ	次走 7人気7着
9着	ギンザマトリックス	次走 5人気2着

（着順を上げているか？）レース後に、これらをチェックしていけば、より厳密なレベル判定が行えるだろう。

例3の未勝利戦は、前走で（4着内相当の）好調馬が『計7頭』。（レース前の段階で）ハイレベル戦と認定できた。そして、レース後に出走馬の『次走』を追跡していくと、上位馬は、軒並み次走で勝ち上がっていた。下位馬も人気以上に巻き返す馬が多かった。

前走と次走の両方からジャッジ

【レース前】→好調馬が多い
【レース後】→次走以降も好走している

このように、レース前とレース後（次走以降）の両面からハイレベルと判断できれば、自信を持って「（骨っぽいメンツの揃った）レベルの高い一戦だった」と断言できる。※さらに、勝ちタイムが速ければ、より一層、太鼓判を押せる。

前述したハイレベル戦の勝ち馬ミライヘノツバサは、次走、昇級後に即1着。のちに、オープン馬へと出世し、G2で激走するなどの活躍をみせた。

もし、レースレベルの判定に時間が割けないのであれば、勝ち馬の〝馬名〟に注目するといい。勝ち馬が、その後も活躍している素質馬ならば、ハイレベル戦だった可能性が高まる。

他ポイント

●一般競走と特別競走とでは、『特別競走』の方がレベルは高くなりやすい。その理由は、特別競走の方が賞金が高いからだ。※特別競走とは○○特別のように個別にレース名がついたレースのこと。

●表開催と裏開催とでは、『表開催』の方がレベルが高くなりやすい。※表開催とは、東・西メインの開催のこと。この表開催と同時に組まれたローカル開催を裏開催という。

●『牝馬限定戦』はレベルが低くなりやすい。とくにダート戦は要注意。前走・牝馬限定のダート戦→次走・牡馬混合のダート戦では苦戦するケースが目立つ。

同じクラスでもレースのレベルはまちまち。ここで述べたレースレベル判定法を用いて、しっかりとレースの価値を見極めて頂きたい。

馬場の利を得た馬を買え

馬場が下克上を引き起こす

『水を得た魚』という言葉がある。この言葉の意味は、《自分に合った環境や、自分の得意な状況などになって、生き生きとしているさま、よく活躍している様子》と辞書を引くとある。※weblio辞書

競馬の場合も、突如、水を得た魚状態となり、激走を果たす馬がいる。その水にあたるのが『馬場』だ。馬場によって、人気薄の馬が人気馬を打ち負かす〝下克上〟が起こり得る。

人気薄が台頭する馬場

馬場は、以下の3つに分類できる。

①高速馬場
②普通の馬場
③タフな馬場

この中で最も注目すべきは、③の『タフな馬場』だ。使い込まれて馬場が荒れたとき、雨が降って重馬場になったとき、（馬場をほぐす）エアレーション作業など。人気薄の馬が、馬場という〝地の利〟を得て激走する場合、大抵は、このようなタフな馬場だ。その理由は、

タフな馬場によって●人気馬の切れ味やスピードが半減、●（切れ味やスピードのない）人気薄の馬がしぶとさを発揮しやすい、からである。

人気馬は大抵、スピードや瞬発力に秀でている。そういった能力をフルに発揮できる普通の良馬場では、穴馬はなかなか付け入る隙がない。普通の良馬場＝ガチンコ馬場だ。ガチンコ馬場では、（スピードや瞬発力で劣る）人気薄の馬が、人気馬に真っ向勝負を挑むのは、いかにも不利である。だが、『タフな馬場』なら話は変わってくる。

パジェロがフェラーリに勝つ日

切れ味のない馬は、普段、切れ負けして着順を落としていることが多い。だが、そんな馬が、一概に弱いとは言い切れない。あくまで特性の違いだからだ。次のようにイメージすると分かりやすい。

・切れる馬（人気馬）⬇『フェラーリ型』
・切れのない馬（人気薄）⬇『パジェロ型』

きちんと舗装されたコース（速い馬場）では、フェラーリ型の馬が強い。一旦、加速してスピードに乗ると、手が付けられなくなる。フェラーリに混じってパジェロが走ったところで、スピード負けしてしまうのは自明の理である。

だが、舗装されていないボコボコのオフロード（タフな馬場）では、パジェロのような四輪駆動タイプの出番だ。（フェラーリ型の）人気馬が、タフな馬場によって切れ味を削がれる一方、パジェロ型の穴馬は自慢の馬力をいかしてブイブイ走る。人気馬がマイナス。穴馬がプラス。この落差によって、下克上の逆転現象が生まれる。

下馬評をひっくり返した馬場の影響

14年の高松宮記念。当時は、折からの雨で馬場状態は『不良』。ただでさえタフな中京の馬場は、タフさに輪をかけ、ダートなみに時計のかかる馬場になっていた。案の定、この特殊馬場は下克上を引き起こした。（時計の速い馬場が得意な）2番人気のハクサンムーンは5着に失速。切れタイプの1番人気ストレイトガールは、かろうじて3着に踏みとどまったものの、4着エーシントップとはわずかにクビ差だった。

このタフな馬場に乗じて勝利を収めたのはコパノリチャードだった。同馬は時計のかかるタフな馬場は〝どんとこい〟のタイプ。それは、過去の戦歴、とくに前走の阪急杯からハッキリと読み取れる。

前走の阪急杯は、4馬身差の逃げ切り勝ち。注目は、このときの〝上がり3ハロンのタイム〟だ。※上がり3ハロン＝ラスト600mのタイム

（レース全体の）上がり3ハロンは『35・8秒』。この上がりタイムは、重賞レースにしては、かなり遅い（かかっている）。コパノリチャードが、〝4馬身も突き放して勝利したにもかかわらず〟、上がり35・8秒だから、かなりの遅さだ。これが、意味するところとは何か？

それだけ『タフな消耗戦だった』ということだろう。消耗戦で〝圧勝〟するぐらいだから、コパノリチャードは（タフな展開が得意な）『パジェロ型』の馬とみて、まず間違いない。そして引き続き、消耗戦となった高松宮記念で激走を果たしたのである。

2着に入線したのはスノードラゴン。同馬は、もともとダートで走っていたパワータイプの馬。勝ったコパノリチャード同様、地の利を得た好走だった。※スノードラゴンは、後にスプリンターズSでも13番人気1着に激走。このときも、雨の影響で（やや上がりのかかる）タフな馬場だった。

1着馬、2着馬ともに、切れはないが簡単にはバテないタイプ。馬場という地の利を味方につけ、120％の実力を出し切ったことで、好走を引き寄せた。ちなみに、15番人気4着のエーシントップもダートのオープン勝ち馬。『タフな馬場向きなパジェロ型の馬』と言えるだろう。

他に、消耗戦のレースと言えば、トーセンクラウン、テイエムアンコールの2頭で決着した2010年の中山記念が記憶に新しい。連対した2頭は2頭とも〝重馬場の鬼〟オペラハウスの産駒。そして、どちらも、上がりのかかる消耗戦で好走歴があった。

上がり3ハロンでタフさをはかる

レースの質が、タフか否かを見極めるには『レース全

体の上がり3ハロン』を見るといい。※(レース全体の)上がり3ハロン…逃げ馬が残り600mを通過してから、1着馬がゴールするまでのタイム

(芝レースの場合) レース全体の上がり3ハロンが『35秒台後半』よりかかっていれば、タフな消耗戦。逆に、『34秒台前半』以下ならば、軽い瞬発戦と判断できる。※新潟(外回り)は33秒台

過去のレースを確認し、全体の上がり(3ハロン)が速い瞬発戦でよく好走しているなら『フェラーリ型』。上がりのかかる消耗戦でよく好走しているなら、『パジェロ型』と判定できる。

もし、荒れ馬場や重馬場、ハイペースの消耗戦が想定されるなら、パジェロ型の馬を積極的に狙うといいだろう。

〝天の時は地の利にしかず〟。いかに(クラス卒業のタイミングを迎えた)人気馬と言えども、地の利を得たタフな馬には敵わない。タフな馬場で、キッチリとタフ向きな馬に印を打てるかどうかが、年間の収支を大きく左右する。特殊な馬場では「地の利を味方につけるのはどの馬か」を、よく見極める必要がある。

瞬発戦タイプと消耗戦タイプを意識せよ

2つのタイプに分類する

馬のタイプを手っ取り早く把握するには、次の1点に意識を集中するといい。その馬は、『瞬発戦に強いタイプ』か、それとも『消耗戦に強いタイプ』か。この2つのうち、どちらに当てはまるかを考えれば、大まかな馬のイメージは掴める。

過去に、33秒台のような(全体の)上がりが速いレ

ースで好走していれば『瞬発戦タイプ』。36秒台のような（全体の）上がりが遅いレースで好走していれば『消耗戦タイプ』。ザックリだが、この2タイプに分類して考えれば、その馬のタイプを把握できるようになるはずだ。

正反対の2頭の名馬

瞬発戦タイプと消耗戦タイプ。この両者の代表選手には、どんな馬がいるだろうか？　次の2頭の名馬が分かりやすいだろう。その2頭とは、ジェンティルドンナとゴールドシップだ。この2頭は同じ世代の馬で、実際にいくつかのレースであいまみえている。対戦成績はまったくの五分。実際に、両者が激突したレースをみてみよう。

2013年 宝塚記念

1着　ゴールドシップ
3着　ジェンティルドンナ
※全体の上がり3ハロン『38・0秒』

2013年 ジャパンカップ

1着　ジェンティルドンナ
15着　ゴールドシップ
※全体の上がり3ハロン『34・1秒』

2014年 宝塚記念

1着　ゴールドシップ
9着　ジェンティルドンナ
※全体の上がり3ハロン『35・6秒』

2014年 有馬記念

1着　ジェンティルドンナ
3着　ゴールドシップ
※全体の上がり3ハロン『34・6秒』

もうお気づきだろう。そう、レース全体の上がり3ハロンが速いとき（34秒台）は、ジェンティルドンナが先着。逆に、レース全体の上がり3ハロンが遅いとき（35秒台後半以降）は、ゴールドシップが先着している。注目すべきは、この両者が（そろって1着、2着の）ワン、ツーを決めたことが、ただの一度もないことだ。

両雄並び立たず

ディープインパクト産駒のジェンティルドンナは〝瞬発力〟が武器。それに対し、ステイゴールド産駒のゴールドシップは〝持久力とスタミナ〟に秀でている。両者はまったく正反対のタイプ。2頭が同じレースでワン、ツーを決めたことが、ただの一度もないのは、この『馬のタイプ』と無関係ではないはずだ。

上がりの速いレースでは、瞬発戦タイプのジェンティルドンナが有利。一方、上がりのかかる（タフな）レースでは消耗戦タイプのゴールドシップが有利になる訳だ。

ゴールドシップ、ジェンティルドンナ。どちらも〝名馬〟の域に達した馬。それだけに勝敗を決するのは、どちらが強いか？　というよりも、自分の土俵で勝負できたか否か、自分の得意な『レース質（瞬発戦・消耗戦）』だったかどうか、が勝敗を分けたのである。

結果的に、それぞれの持ち味がいきる流れできっちりと先着。持ち味が削がれる流れで、きっちり負ける結果となった。

このように、馬のタイプには『瞬発戦タイプ』、『消耗戦タイプ』の2通りがあり、そのタイプに合った流れだと好走しやすい。

・上がりの〝速い〟レースに強い ➡ 瞬発戦タイプ
（代表選手：ジェンティルドンナ）

・上がりの〝かかる〟レースに強い ➡ 消耗戦タイプ
（代表選手：ゴールドシップ）

瞬発戦 or 消耗戦になりやすいコース

では、この両タイプに分類した上で、予想の際、どのように活用すればいいのか？

まず、コースには、瞬発戦になりやすいコースと、消耗戦になりやすいコースがあることを頭に入れておくべきだ。

瞬発戦になりやすいコースの特徴

・直線が長い
・直線がフラット（急坂がない）
［東京、京都、新潟外回り等］

消耗戦になりやすいコースの特徴

・直線が短い（内回り、小回り）
・急坂がある
・洋芝、荒れ馬場
［中山、阪神内回り、ローカル開催後半、北海道等］

急坂の有無

直線に急坂があると、そこでもうひと踏ん張りする必要があり、消耗戦になりやすい。逆に、直線がフラットなら、どんどんギアを上げてスピードに乗れる分、瞬発戦になる傾向。たとえば、京都（外回り）コースは、4角から下り坂となっており、直線はフラット。構造的に瞬発戦になりやすいコースだ。

［タフ］急坂 ⇕ フラット［瞬発］

直線の長さ

直線の〝長い〟コースは瞬発戦になりやすい。直線が長ければ、その分、スピードに乗れるし、騎手が長い直線を意識してペースが緩みやすくなるからだ。ペースが緩めば、必然的にヨーイドンの瞬発戦が多くなる。

逆に、直線の〝短い〟コースでは消耗戦になりやすい。直線が短いと、「早く仕掛けなければ間に合わない」という騎手心理が働くため、早仕掛けのロングスパート戦が多くなるからだ。

［タフ］直線が短い ⇕ 直線が長い［瞬発］

芝の種類

芝の種類によって、時計のかかり具合は違う。（クッション性があってパワーが必要な）『洋芝』は時計

コース別タフ度

芝	軽い ◀━━▶ タフ						
軽い	新潟（外）	→	東京	→	京都（外）	→	阪神（外）↘
中	↘京都（内）	→	小倉	→	福島	→	中京 ↘
タフ	↘阪神（内）	→	函館	→	中山	→	札幌

ダート	軽い ◀━━▶ タフ								
軽い	東京 ↘								
中	↘札幌	→	函館	→	京都	→	福島	→	阪神 ↘
タフ	↘小倉	→	新潟	→	中京	→	中山		

※矢印の方向へ向かうほどタフなコースとなる

がかかりやすく、その分、消耗戦になりやすい。※北海道（札幌、函館）が洋芝のコース

一方、路盤が硬い『野芝』（及びオーバーシードの馬場）は速い時計が出る。その分、（洋芝よりは）瞬発戦になりやすい。※オーバーシード＝野芝の上から洋芝の種をまく

また、雨が降って重馬場になれば消耗戦に、パンパンの良馬場なら瞬発戦になりやすい。

［タフ］洋芝⇕野芝［瞬発］

ゴールドシップを狙うべきコース

瞬発戦になりやすいコースで『瞬発戦タイプ』の馬を狙う。消耗戦になりやすいコースで『消耗戦タイプ』の馬を狙う。基本、これが定石となる。

だから、消耗戦タイプのゴールドシップは、タフなコース（すなわち、中山コースや阪神内回りなど）で狙うべき。具体的には、有馬記念や宝塚記念などである。逆に、（軽い）東京や京都では、評価を下げるべきだ。

一方、瞬発戦タイプのジェンティルドンナは（東京

コースの）ジャパンカップや天皇賞秋で狙うべき。そして、（中山や阪神内回りの）有馬記念や宝塚記念では評価を下げるべきなのだ。

「むむむ…!? ジェンティルドンナは（中山の）有馬記念で有終の美を飾りましたよね。それに、ゴールドシップは京都の天皇賞（春）を勝っています。話の内容が矛盾していませんか?」と思われたかもしれない。

例外もある

だが、ジェンティルドンナが勝った有馬記念は空前絶後の『超スローペース』。※時計は同日の1000万条件より1・5秒も遅かった。つまり、消耗戦になりやすい中山コースではあったが、超・スローだったため、例外的に真逆の瞬発戦になったのだ。その結果、ジェンティルドンナが、ゴールドシップに先着できたのである。

では、ゴールドシップが（京都の）天皇賞（春）を勝てた要因は? これは『散水』の影響だ。散水の影響により、ゴールドシップ向けのタフな馬場に豹変したことで（苦手とされていた）京都コースを克服できた。※厳密に言うと、散水は普段から行われている作業だが、当時は（晴れの天気予報が外れ）曇りとなったため、結果的に、撒いた水が乾燥せずに（主催者の意に反して）水分過多の馬場となった。

また、天皇賞（春）は、もともと長距離戦なので、同じ京都コースでも（中距離以下の距離と比べれば）タフな展開になりやすい。

このように、必ずしもタフなコースで、タフな消耗戦になるとは限らない。同様に、軽いコースで、軽い瞬発戦になるとも限らない。展開や馬場によって、『瞬発戦⇔消耗戦』のベクトルが変化することもある。

だが、展開は、読みが外れることもしばしば。馬場は、目まぐるしく変化する。それに対し〝コース形態は不動〟。だからこそ、瞬発戦になりやすいコースで瞬発戦タイプの馬を狙い、消耗戦になりやすいコースで消耗戦タイプの馬を狙う。これが、（長期的に見れば）正解であり、定石と言えるのだ。

苦手なレース質で善戦したら

たとえば、ゴールドシップは上がりの速い瞬発戦は苦手なタイプだ。だから、もし苦手な瞬発戦で敗れたとしても評価を落とす必要はない。それなりに走ってきたとしたら、高評価できる。たとえば、（実質）瞬発戦となった日本ダービーで、ゴールドシップは5着に敗れた。だが、苦手な瞬発戦で5着なら、よく善戦したと、高評価を与えることができるのだ（次走、神戸新聞杯で1着）。

逆に、瞬発戦タイプの馬が消耗戦で健闘したら、それも評価に値する。

このように瞬発戦タイプ、消耗戦タイプを意識するだけで、予想の幅は大きく広がりを見せるのである。

同日のタイムと比較せよ

タイムは能力のモノサシ

タイムが優秀だった馬を買い続ければ競馬は勝てるか？　と問われれば、答えはNOだ。なぜなら、スピード指数が普及した現代において、タイムは抜け目なくオッズに反映され、（仮に的中しても）相応のリターンしか得ることができないからだ。つまり、速いタイムには優位性がない。優位性がない武器は、武器にはなり得ず、これでは（長期的には）儲かりようがない。タイム理論による必勝法は、もはや過去の遺物と言えるかもしれない。

それでも、競馬が競技である以上、タイムは重要だ。馬の能力を判断するうえで、一つのモノサシになるからだ。

たとえば、過去に同クラスで2着の実績があるとしよう。目ぼしい実績は、この2着だけとする。この場合、その2着に(タイム的な)価値があるのか? ないのか? によって馬の扱い方は大きく変わってくるはずだ。

もし、タイム的に価値があるのなら、その2着を根拠に『現クラスで通用の力はある』と判断できる。逆に、タイム的に価値が無いのであれば、その2着は、あまり鵜呑みにはできない。現クラスで通用するかは、まだ未知数だ。時計の裏付けが無い馬よりは、ある馬の方が、やはり信頼には足る。※だから、スローペースで好走しても、ハッキリと地力を示したことにはならない(よほど速い脚を使った場合は別だが)。

同じ週の同条件と比べる

この時計だが、てっとり早くその価値を知るには、『同じ週の、同条件のレース』と比較するといい。たとえば、当該レースが、土曜の『東京芝1600m』だとする。この場合、まずは同じ日(土曜)に同じ条件(東京芝1600m)が組まれていないかを調べ、そのレースとタイムを比較するのだ。次に翌日・日曜の東京芝1600mもチェックする。

なぜ、同じ週か?

馬場は、週をまたぐと時計のかかり具合が全然違うことがある。だが、同じ週ならば(雨の影響がない限りは)大きな変動はないはずだ。馬場差(=馬場状態による時計のかかり具合の違い)などの、ややこしい計算をしなくて済む。

なぜ、同条件か?

同条件(同じ競馬場の同じ距離)なら、直接タイムを比較できるので単純に便利。また、まったく同じ条件なので、(走破タイムだけでなく)上がりタイムやペースなどを比べて、よりレースの価値を見極めやすい。

(タイムを比べる際の)注意点は『ペース』だ。スローペースなら当然、タイムは遅くなる。その遅くなったレースと比べても、あまり参考にはならない。スローの場合、『上がりタイム』に注目するといい。

上がりタイムも比べる

比較できるタイムは、走破タイムだけとは限らない。『上がり3ハロン』のタイムも同時に比べることで、レースの価値をより深く把握することができる。

たとえば、2017年のアーリントンカップ。このレースで勝利したペルシアンナイトが叩き出した『勝ちタイム』と『上がりタイム』は、どちらも極めて優秀なモノだった。この両方のタイムによって、『タイム的な価値が大きい』ことを確信するに至るのだ。

アーリントンカップの勝ちタイムは『1分34秒1』。この1分34秒1は、同日の1000万条件と比べて『0・9秒』速かった。

しかも、その（比較対象の）1000万条件のタイムは、勝ち馬（ピンストライプ）が『3馬身』突き放してマークしたもの。つまり、アーリントンカップの勝ちタイムは、**【3馬身圧勝した馬（ピンストライプ）の勝ちタイムを1秒近くも上回る高水準のタイムだった】**のである。

単純に勝ちタイムの比較では、アーリントンカップの時計は、超優秀だったことになる。ただし…。

1000万条件の方は〝ミドルペース〟。アーリントンカップの方は〝スローペース〟。両者はペースが違っていた。比較対象のレースがスロー。スローのレースと比べても、あまり参考にはならないと先に述べた。

ここで、ポイントになるのが『上がり3ハロン（後半3ハロン）のタイム』だ。（1000万条件を圧勝した）ピンストライプと、ペルシアンナイトの前半・後半3ハロンのタイム（※馬自身のタイム）を見比べて欲しい。

●ピンストライプ（1000万条件 圧勝）
前半3ハロン…36・7秒
後半3ハロン…34・4秒

●ペルシアンナイト（アーリントンカップ 1着）
前半3ハロン…36・5秒
後半3ハロン…34・0秒

ペルシアンナイトは、(ピンストライプよりも)前半・後半3ハロンともに速いタイムで走っていた。具体的には、前半で『0・2秒』速いペースで追走し、後半で『0・4秒』速い脚を使っている。

速いペースで追走しながら、ラストも伸びたのだから優秀だ。(ミドルペースだったのに)スローペースで脚を溜めた馬(ピンストライプ)よりも、速い脚を使っていたのである。

ピンストライプのレースにしても、決して凡戦だったワケではない。何せ『3馬身差の圧勝』である。これが意味するところとは何か?

アーリントンカップ時のペルシアンナイトは、1000万条件を3馬身差で圧勝した馬よりも、さらに優秀だったと(勝ちタイム、上がりタイムから)判断できるのだ。つまり、優に(1つ上の)1600万条件で通用の力があると判断できる。3歳春の時点で1600万条件で通用するなら、3歳G1なら勝ち負けできる計算だ。※事実、同馬は次走の皐月賞で2着に好走。のちに、3歳馬としては17年ぶりにマイルチャンピオンシップを制した。

ペルシアンナイトがアーリントンカップでマークし

2017.2.25 アーリントンC(阪神芝1600m・外)

着順	馬名	性齢	斤量	騎手	タイム	着差	上3F	人気
1着	ペルシアンナイト	牡3	56	M.デムーロ	1.34.1		34.0	1
2着	レッドアンシェル	牡3	56	浜中	1.34.6	3	34.3	6
3着	ディバインコード	牡3	56	柴田善	1.34.8	1・1/4	35.2	3

2017.2.25 丹波特別(阪神芝1600m・外)

着順	馬名	性齢	斤量	騎手	タイム	着差	上3F	人気
1着	ピンストライプ	牡5	57	川田	1.35.0		34.4	1
2着	レーヌドブリエ	牝5	53	池添	1.35.5	3	34.5	4
3着	プレミオテーラー	牝5	54	松若	1.35.5	クビ	34.1	9

た上がり3ハロンは、出走馬中、ナンバー1。さらに、（スローだった同日の）1000万条件と比べてもナンバー1タイだった。※加えて、全体時計も0・9秒速いのだから、文句のつけようがない。

このように（走破タイムだけでなく）上がりタイムも絡めて比較すれば、いろいろなことが見えてくる。

- **馬自身の上がり3ハロン**
- **レース全体の上がり3ハロン**
- **走破タイム**

これらのタイムをそれぞれ比較することで、より多面的なタイム分析が可能となる。また、ペースを比べることで、ペースの厳しさもはかることができる。タイム分析は、まずは同日の同条件と比較すべし、だ。

この章では『レースVTRの見方』について
解説する。ここで紹介した事例のレースVTRを
(JRAのホームページ等で)実際に確認すれば、
より理解は深まるだろう。

chapter 2

レースの見方 編

chapter 2 レースの見方編

4角の手応えが良かった馬を買え

ディープインパクトの手応え

「走っているというより、飛んでいる感じ」

名手・武豊騎手に、このように言わしめた三冠馬ディープインパクト。同馬のレースぶりには、〝ある特徴〟があった。それは、いつも判で押したように、4角の手応えがバツグン―。

レースVTRをチェックする際、あなたは、どこに着目するだろうか？　一般的には、『最後の脚色』、『不利の有無』、『通った馬場（内・外）』などに重点を置いてチェックすると思う。だが、私の場合、まず真っ先に確認するのは『4角（第4コーナー）』だ。激しい直線の攻防が繰り広げられる、その一歩手前。『4角』こそ、もっとも注視すべき箇所と考える。

なぜ、4角が重要なのか？　それは、4角における騎手の『手応え』を見ることで、各馬の〝余力度〟が手に取るように分かるからだ。

4角は、各馬が一斉に動き出す勝負どころ。ここで騎手の手応えがよい馬は、その時点で『まだ（馬に）余力が残されている』と判断できる。

逆に、手応えの悪い馬や、すぐに反応できない馬は、その時点ですでに『余力が残されていない』とみなせる。余力が残っていないので、4角で騎手が押していかないと、隊列についていけなくなる訳だ。※もちろん例外もあって、ズブい馬（エンジンのかかりが遅い馬）は、いつも4角の手応えは悪い。ゴールドシップなどがいい例。このような馬（いつも手応えが悪い）は割引く必要はない。

4角で騎手の手応えが良いのか悪いのか。これによって、馬の評価は大きく変わる。

手応え◎馬と、一杯一杯の馬

4角の手応えがよい馬は、馬に余力が残されている、と書いた。では、なぜ馬に余力が残されていれば〝買い〟となるのか？　その理由の一つは、単純に『余力がある＝能力が高い』からだ。馬の能力が高いからこそ、レース終盤になってもスタミナに余裕があり、騎手が仕掛けず持ったままの状態でいられる。

もし、能力の低い馬が、持ったままで4角を回ろうとすれば、おそらく、どんどん置かれてしまい、位置取りを悪くしてしまうだろう。一度、勝負の輪から取り残されれば、挽回するのは難しい。他馬に遅れを取らずに位置をキープするには、騎手が〝追う〟必要があるのだ。

直線を迎える前に、すでに一杯一杯の馬と、手応え十分の馬。この両者では、馬の余力度、能力に大きな隔たりがある。

次走以降、伸びしろがあるのは？

仮に、手応えの悪い馬が、追って追って、なんとか好走したとしよう。それで、次走以降、上積みがあるか？　というと…クエスチョンマークだ。仮に好走したとしても、それは『目一杯の好走』。１００ある能力のうち１００を出し切ったとしたら、それ以上は望み薄である。次走以降の上がり目は乏しいだろう。

一方で、１００ある能力のうち、50や60程度でまわってきた馬ならどうだろうか？　次走以降でパフォーマンスを上げる〝余地〟がある。まだＭＡＸで走っていないのだから、〝伸びしろ〟が残されている訳だ。

具体的にどんな馬を狙えばよいか？

目一杯走ったのか、それとも、余力を残してゴールしたのか。その〝余力度〟をはかる一つの目安となるのが『4角の手応え』だ。この4角手応えの良かった馬の中に、穴馬券を演出するお宝馬が潜んでいる。ここからは、『4角手応え◎馬』の具体的な見方について解説していく。

理想のイメージとしては、（冒頭で述べた）ディープインパクトを思い浮かべると分かりやすい。4角をスーッと馬なりで進出し、直線に向いてからも余力十分。いかにも楽な印象を受ける。そして、いざ仕掛けると、手応え通りの伸び脚—。早速、細かなポイントをみていこう。

ポイント1
推進力がある

4角を回る際に『推進力』があるか？　これが一番、重要だ。『騎手が手綱を抑えている＝手応えが良い』とは限らない。たんに、溜めているだけかもしれない。

※とくにインをピッタリ回っている場合

溜めているだけの馬は、早めに動くと末を無くしそうなので、ギリギリまで仕掛けを我慢しているに過ぎない。〝見せかけの手応え〟と言っていい。このような馬は、一見すると手応えは良さそうだが、グングン進んでいる感じがしない。つまり、推進力が足りないのだ。

真に手応えのよい馬は『推進力』がある。推進力があって、〝グーンと勢いよく進出〟している。いかにも抑えきれない印象を受ける。このような馬こそ、文句なく手応えバツグンの馬と言える。

凄い推進力

ムーンクエイク2着　17年1000万下
（次走:葉山特別　1人気1着）

ポイント2 直線に向いてからも手応えがよい

手応えよく4角を回ったのち、直線に向いてからも〝持ったまま〟なら言うことはない。それだけ余力に溢れている証だからだ。

逆に、直線を迎えると同時に、すぐに全力で追い始めるようでは、まだまだだ。真に手応えが良いとは言えない。

とくに〝先行馬〟は、直線に向いてからの手応えも重要だ。直線に向いてからも楽な手応えで、満を持して追い出すぐらいがいい。直線途中まで持ったままなら、余力がタップリ残っている証拠。直線半ばを過ぎても持ったままなら、そのクラスでは力が違う可能性がある。

ポイント3 外を回っている

このポイントは絶対ではないが、プラスポイントとして押さえておくといい。手応えのよかった馬は『外

直線に入ってからも持ったまま

アーモンドアイ1着　18年オークス

を回った』方が評価できる。なぜなら、外を回るには、（内の馬よりも）速い脚を使う必要があり、その分、仕掛けていく必要があるからだ。※コーナーの内外では走破距離が違うため、外の馬が（置かれないよう）付いていくには、内の馬より速い脚を使う必要がある。

基本的に、外を回るほど手応えは渋くなりやすい。それが、外を回りながら手応え◎の状態だとすれば、相当な余力度と推進力だ。大外を持ったまま進出している場合、おそらく騎手はシビれるくらいの手応えを感じているに違いない。

直線の長いコース、短いコース

直線の手応えは、コースによっても見方が変わってくる。直線が長いコースなのか、それとも、短いコースなのか。同じ4角と言っても、（東京のように）直線の長いコースでは、ゴールまで遠く、まだ道半ば。一方、（函館のように）直線の短いコースの4角は、まさに佳境を迎えている真っただ中である。

つまり、同じ4角でも残りの距離が全然違う。いく

手応えよく大外を回る

オルフェーヴル　11年スプリングS1着

（次走:皐月賞　4人気1着）

ら手応えが良いと言っても、ゴール地点まで遠く、距離があるなら、高評価するのは早計だ。まだ道半ばなので、余力は残っていて当然だからだ。

手応えの良さは、ゴールに近いほど評価できる。したがって、直線の短いコースでは3～4角の手応えが良ければOK。一方、直線の長いコースでは、（4角に加えて）『直線前半』の手応えも良い必要がある。東京コースの場合なら、残り400m付近まで持ったままなら合格だ。

溜めている or 持ったまま

『直線に入ってからの手応え』に関しても、本当に持ったままなのか、それとも、ただ溜めているだけなのかを、よく見極める必要がある。持ったままに見えても、よくみると、徐々に後退している馬もいる。以下の2点に注意したい。

・きちんと伸びているか
・抑えきれない感じがあるか

この2点に注意すれば、見せかけの手応えにダマされることはないはずだ。

注意点

■スロー

スローペースの場合、手応えは良くなりやすい。これは、道中でゆったり進んだ分、各馬とも、お釣りを残して直線を迎えることができるからだ。したがって、スローの場合、通常よりもシビアな見方をする必要がある。※シビアにみる＝手応えを評価するポイントを後ろにズラす

狙えるのは、直線途中まで持ったままの馬だ。スローの瞬発戦の場合、直線では皆が伸びている。皆が伸びている中で、持ったままなら『馬なりで伸びている』ことになる。これは、高い能力がなければできない芸当だ。

■逃げ

逃げ馬の場合、大抵、4角の手応えはよい。なぜなら、自分でペースを作れるし、前に馬がいないので、

4角で仕掛けて上がっていく必要がないからだ。できるだけ追い出しを我慢し、なんとか〝しのぐ〟のが、逃げ馬の特徴。したがって、逃げ馬の手応えが良く見えても、特段、高評価はしない。よっぽど楽な感じだったとか、直線の半ばまで持ったままだったとか、際立つものがある場合のみ評価する。

■ダート

ダートでも、手応えのよい馬は、もちろん評価できる。だが、手応えの悪い馬を割り引く際には、注意が必要だ。ダートは芝に比べて直線が短い。また、(砂に脚をとられるので) 差しが決まりにくい。必然的に早仕掛けとなるので、4角で騎手が手綱をしごくのは当たり前である。したがって、4角で少々、手応えが悪く見えても、評価を下げる必要はない。ただし、もっと早い地点、3角手前から、手応えが悪いようなら評価を下げる。

手応え◎の次々走

手応えがバツグンだったからと言って、いつも次走で好走するとは限らない。次走、条件が不向きなら凡走することもある。その場合、敗因を見極めて(敗因アリなら)さらに次のレースで狙い撃つといいだろう。

2017年のUHB賞で、手応え◎だったヒルノデイバロー。同馬は、4角をバツグンの手応えで通過し、直線途中まで持ったまま。満を持して追い出され、2着に好走した。

だが、次走のキーンランドカップでは、まさかの大敗。勝ち馬から1・6秒も離された12着に終わってしまう。なぜ、バツグンの手応えで好走したヒルノデイバローが、次走で別馬のように大敗してしまったのか?

この敗因は、先行できずに、まったく流れに乗れなかったことだ。当時の馬場はスタート直後のインが荒れており、内枠の馬は軒並みダッシュが利きづらくなっていた。4番枠だったヒルノデイバローも例に漏れず、いくら追っ付けても、まったく進んでいかなかったのだ。

直線途中まで持ったまま

ヒルノデイバロー　17年UHB賞2着
（次々走:オパールS　9人気2着）

手応え◎馬の評価ポイント

■グーンと推進力がある

■騎手が抑えきれない感じがある

■外を回っている

■直線に入ってからも持ったまま

たしかに大敗は喫したが、（抜群の手応えだったUHB賞の内容から）デキ落ちが敗因とは考えにくい。仮にデキ落ちでないのなら、巻き返す余地が残されている訳だ（次々走オパールSで9番人気2着に激走）。このように、手応え◎→次走凡走（敗因あり）→次々走で巻き返すパターンもあることを覚えておくといい。

理想

もっとも理想の形は、『最初から最後まで馬なり』の状態だ。バッグンの手応えのまま4角を回り、直線ではほとんど追わず、最後までステッキを使わない。これは、あくまで理想なのだが、いかにこの状態へ近づけるか、という視点でチェックするといいだろう。

反応◎

手応えと双璧をなす『反応』

4角手応えの良かった馬は、勝負どころで余力十分。余力ナシの馬と比べれば、月とスッポンだと説明した。実は、この4角手応えに加えて、もう1つ、私が（レースVTRをチェックする際に）重要視しているポイントがある。それが『反応』だ。この反応は、手応えと〝双璧〟をなす重要なファクター。この2つを合わせて観ることで、真に『レース内容のよい馬』をあぶり出すことができる。

反応とは

では、反応がよいとは、具体的に、どういった状態を指すのか？　これは『4角〜直線〝前半〟』にかけて、馬がグイグイと勢いよく進出している状態だ。騎手のGOサインに、スッと瞬時に反応し、勢いよく伸びている。これが『反応◎』である。

ポイントは、4角〜直線『前半』という部分。皆が注目する直線の『後半』ではない点に注意して欲しい。

なぜ、直線前半か？

なぜ、直線〝後半〟の反応ではなく、〝前半〟の反応に注目するのか？　理由は2つある。

【理由1】すぐに反応

騎手が仕掛け始めるのは、たいてい『4角〜直線前半』の部分。もし、反応◎＝騎手が仕掛けて〝すぐに〟反応したのなら、この『4角〜直線前半』部分でグイグイときているはずである。仮にグイグイときていないのであれば、反応がイマイチということ。騎手が仕掛けた際の（馬の）リアクションが重要なので、おのずと『4角〜直線前半』を注視することになる。

では、すぐに反応した方がよい理由は？　これは、すぐに反応できる馬は、（4角の手応えと同様）馬に〝余力〟が残されているからだ。馬に余力が残されているから、騎手のGOサインに間髪いれずにスッと反応できる。もし、勝負どころで〝一杯一杯〟のシンドい状態では、とても瞬時に反応などできないだろう。追って追って、なんとかギアが上がるイメージだ。

すぐに反応＝充実

また、すぐに反応できる馬は、それだけデキが充実している、とも言える。心身ともに充実していれば、それだけ騎手の仕掛けに対するレスポンスも早くなるもの。もし、馬が競馬に対してネガティブな方向へ向いているなら、騎手が仕掛けても、積極的に動こうとしないだろう。叩いて叩いて、ようやく重い腰を上げるイメージだ。

【理由2】ラップ

直線の伸びは、後半ではなく、『前半』の方が評価できる。なぜなら、（直線）前半は、（皆が一斉に仕掛けるため）全体のラップが速くなりやすい箇所だからだ。ラップが速い中で伸びるには、それを上回る速度で加速しなければならない。つまり、反応◎である必要があるのだ。

『4角〜直線前半』は、全体が〝ペースアップ〟している勝負どころ。ここで反応がよい馬は、瞬発力があるし、見かけ以上に脚を使っている。周りが一斉に加速する中で、それ以上の速い脚を爆発的に繰り出す、まさに『反応◎』なのである。

その一方、直線『後半』でグイグイと伸びてきても、反応がよいとは言えない。なぜなら、直線の後半部分は、（全体の）『ラップが〝失速〟』していることが多い箇所だからだ。全体が失速している中で伸びてきても、見た目ほどの価値はない。自身が伸びているというより、他馬が失速している面が大きいからだ。

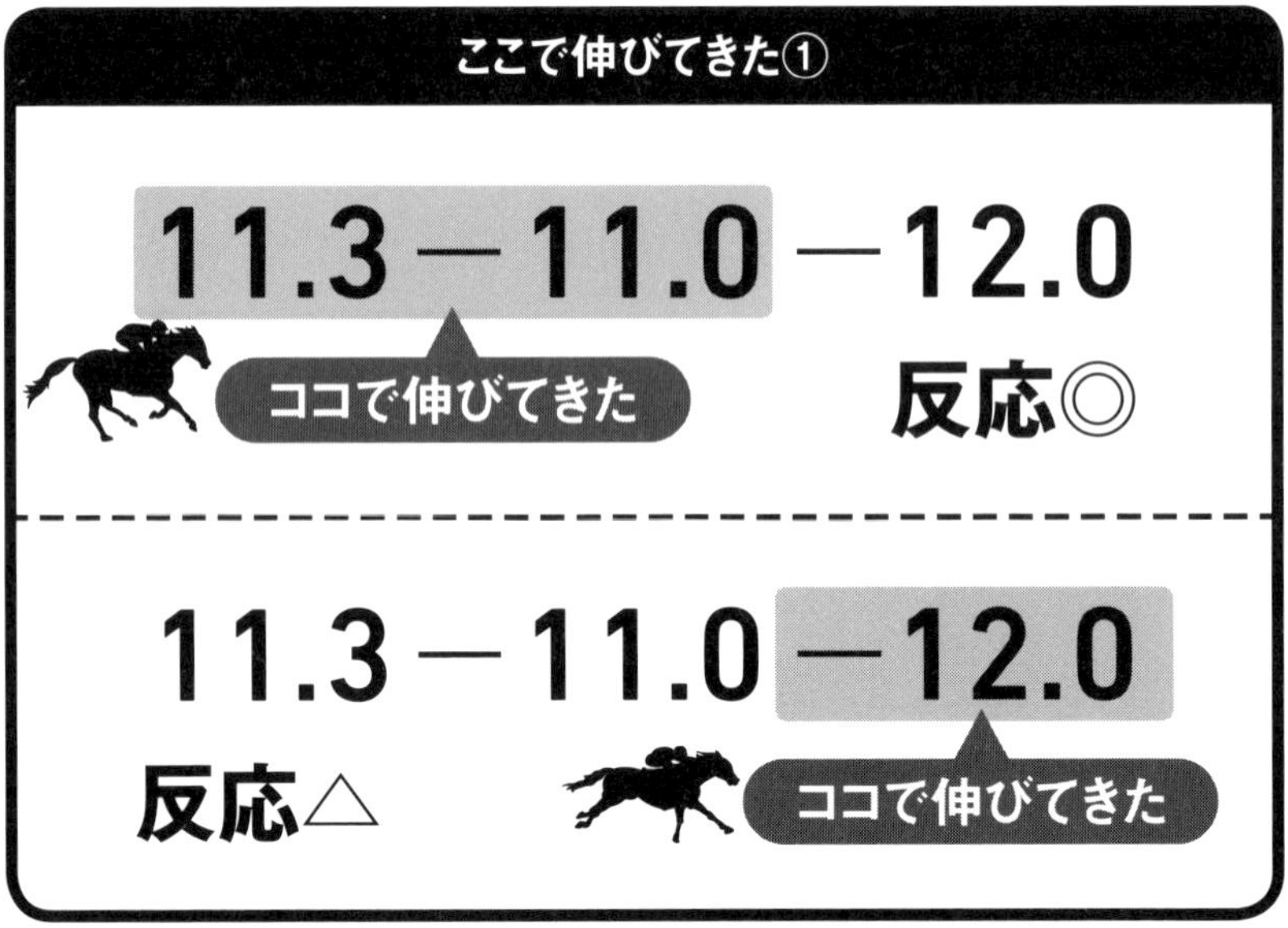

右ページ図（下部）の例では、最後の1ハロンが、11・0秒→『12・0秒』と失速していることが分かる。この12・0秒と失速している中で伸びてきても、反応がよいとは言えず、たいして評価はできないのだ。他馬が失速している分、勢いが増して見えるだけ。自身に鋭さがあるワケではない。

また、カメラワークの関係で、最後はグイッと急伸したように見える点も要注意だ。※直線では、カメラを映す角度が、【最初は斜め→最後は真横】へと切り替わる。たとえば、新幹線なども、自分の真横を通過するときは、より速く感じるはず。

反応◎サンプル

■サンプル：レーヌミノル

17年の桜花賞で、8番人気1着と激走したレーヌミノル。実は、この激走した桜花賞の1つ前、フィリーズレビュー（2着）で同馬がみせた反応は、ケタ違いの素晴らしいモノだった。反応◎のお手本として、脳内にインプットしておくといいだろう。

まず、レーヌミノルがフィリーズレビューでとったポジションに注目だ。道中で位置したのは、ちょうど『中団』だった。3コーナーに入っても、まだ中団のまま。それが、4角ではあっという間に位置を押し上げ、『先団』（5番手付近）まで取り付いている。ここが一番のポイントだ。

勝負どころで一気に進出することができたのは、反応が良かったからに他ならない。レーヌミノルはこの後、直線に入って並ぶ間もなく、一気に先頭に立っている。先頭に立った同馬は勢いに任せ、後続を突き放しにかかった。

この［3角中団→4角5番手→直線先頭→突き放す］という一連のスピーディーな流れは、まさに反応◎の為せる業である。反応が良いため、（ジワっと進出するのではなく）一気に進出し、一気に差を広げている。※この『一気』というのが、反応の重要なキーワードになる。

レーヌミノルの場合、あまりにも反応が良すぎたため、直線では一旦、後続を突き放したほど。だが、その後は失速気味となり、差し馬に捕まって2着に終わ

レーヌミノル　17年フィリーズR 2着

道中は中団

4角で一気に5番手まで進出

直線で瞬く間に先頭に並びかける

一旦、後続を突き放す

っている。

なぜ、一旦はリードを広げたレーヌミノルが、最後は捕まってしまったのか？　その理由は、直線でソラを使ったからだろう。競走馬は直線で早めに先頭に立つと、ソラを使う（気を抜く）習性がある。

レーヌミノルも、直線で早めに抜け出し過ぎたため、ソラを使ってしまった可能性が高い。だが、このようにソラを使った馬は、全力を出し切った訳ではない。つまり、次走でパフォーマンスを上げる余地を残している。同馬は、次走の桜花賞で8番人気1着と火を噴いた。それは、重馬場が向いたこともあるだろうが、前走のレース内容（反応◎）とも、決して無関係ではなかったはずだ。

反応がよくない例

反応のよい馬を理解するには『反応の悪い馬』についても知っておいた方がよい。反応の悪い馬を知ることで、反応がよい馬について、さらに理解が深まるはずだ。サンプルとして取り上げるのは、２０１７年の白百合Sを勝ったサトノクロニクルだ。

このサトノクロニクルは白百合Sで、なんとか勝つには勝った。だが、前出のレーヌミノルのように反応が良かったワケではない。その違いは、次ページの写真をみれば、一目瞭然だ。


お分りだろうか？　レーヌミノルは3～4角でグングン進んでいき、直線では一気に先頭に踊り出た。その勢いは、まさに昇竜のごとしである。

対照的に、サトノクロニクルは直線に入ってもグズグズしたまま、なかなか順位を上げられない。最後の最後で、かろうじて差し切った格好だ（次走、ラジオＮＩＫＫＥＩ賞1人気6着）。

もし、これが、『スローの瞬発戦』なら酌量の余地がある。（皆が伸びているので）なかなか差が詰まらないのも仕方ない。だが、この白百合Sは、瞬発戦ではなかった。本当に反応が良ければ、さっさと先頭に立つぐらいの勢いがあってしかるべきなのだ。

サトノクロニクル　17年白百合S 1着

4角6番手

直線5番手

残り200mでも4番手

反応◎で大敗→巻き返し

17年の福島中央テレビ杯（1000万条件）に出走したフジノパンサー。同馬は、このレースで素晴らしい反応をみせた。だが、結果は11着。反応が良かったにもかかわらず大敗を喫してしまった訳だが、これは一体、どういうことなのだろうか？　当時のレースを振り返ってみよう。

まず、フジノパンサーは、4角で大外（6頭分外）を回り、直線でグイグイと勢いよく伸びてきた。つまり、反応◎だ。「この感じなら、差し切るだろう」というだけの勢いがあった。だが、なぜか残り200mで急失速している。

急失速した原因は『影』だった。どうやら、直線の途中でスタンドの〝影〟に驚き、バランスを崩したらしいのだ（馬は臆病な動物なので、その程度の些細なことでも凡走してしまうもの）。仮に、そのアクシデントさえ無ければ、十中八九、好走していただろう。それは次走、あっさりと巻き返して勝利したことから

反応◎も明確な理由があって負けた馬の例

17年御池特別　フジノパンサー　3人気1着

関東(62.1)58.1 ▲△△：▲○▲ 6.2 ←――先	四 57 位 初騎乗	ベーカバド㊦　牡4鹿毛 ㊞フジノパンサー キョウエイデビュー⓪ 久保佳和 サンデーサイレンス㊥ 脇田スタ	古賀史㊮0.0.0.0 1-3-0-3 逃2先0差2追0　870 ・②・⑪・・・☆	2中曲⑥3・12房総100016ト2 三芝外A1092吉田豊57 M34.2-35.0 ⑪⑪⑪ 発 シゲルノコギ0.1 508 6ゞ8	1福①4・8吾妻100016ト2 三芝A1080横山和56○ H33.7-34.3 ④⑤④中 エリーティアバ 496 2ゞ1	1福⑥4・23中テ100013ト11 三芝B1101横山和57○ M35.1-35.0 ⑪⑨⑦発 キョウワザノ1.0 498 4ゞ1

前走の福島中央テレビ杯では、明らかに反応◎で、直線も唸る勢いのフジノパンサーだったが、直線半ばで急に反応が悪くなった。その原因は、影に驚いて馬自身がブレーキをかけたためであった。次走では影の影響もなく見事に巻き返した。

フジノパンサー 17年福島中央テレビ杯 11着

4角で大外を回って進出

グイグイと伸びて差し切る勢い

影の部分に入って急失速

反応◎のキーワード

■4角~直線“前半”にかけてグイグイときている

■4角では一気に先団にくる

■直線では早め先頭

■一旦はリードを広げて圧勝しそうな勢い

■最後はソラを使って僅差の決着

容易に想像がつく。

同じ大敗でも、まったく見せ場なく終わった大敗と、（フジノパンサーの例のように）見せ場十分の大敗とでは、まるで違うのである。

手応え◎＋反応◎

手応えと反応。この2つは、〝豆と人参〟。切っても切れない密接な関係にある。ペアと言ってもいい。手応えの解説で、『推進力』が大事と話した。これは言い換えれば『反応がよい』ということでもあるのだ。

（本当に）素晴らしい馬は、手応えも反応も、両方ともよい。この2つのどちらも良ければ、（見た目的な）レース内容は完璧である。

4角を手応えよく回ったのち、直線で反応よく一気に先頭に躍り出る。勢いそのままに、突き放しにかかる。最後は、ソラを使って辛勝、もしくは惜敗。このような馬が一番狙える理想的なパターンだ。

勝てそうなのに凡走した馬

見せ場を作った凡走だったか？

直線に向いた時点で「ダメだ、こりゃ」。ゴールを迎えるずいぶん手前で敗色濃厚、馬券内はムリだと分かる馬がいる。

・先行して早々と失速
・差し馬なのに、たいして勢いがない
・追い込んできたが、位置取りが絶望的

これらの馬は、早い段階で、好走する見込みはナシと分かる。凡走が確定的な馬たちだ。このような、早い段階で上位争いから脱落した馬は、次走も期待薄である。なぜなら、早々に脱落の見せ場ナシ→次走でガラリ一変を望むのは酷だからだ。前走で見せ場すら作れなかった馬が、次走で別馬のように激変し、勝ち負けに加わることは難しい。そのような激変を期待して馬券を買っていては、すぐに軍資金は底をついてしまうだろう。

一方で、十分な見せ場を作りながら、結果的に凡走する馬もいる。

・先行してギリギリまで粘る
・勢いよく伸びてきたが、最後に脚色が鈍る
・手応えの割に、伸びそうで伸びず

これらの馬は、同じ凡走でも、前述した『まったく見せ場ナシ』の馬とは一線を画する。『好走できそうなのに凡走した馬』は次走で巻き返す可能性を秘めているのだ。

ギリギリまで粘る

たとえば、先行した馬が『ギリギリまで粘っていた』としよう。先行して、「このまま粘りこむか!?」と思わせた馬が、ゴール寸前で失速したとする。

このケースでは、展開が厳しかったのかもしれない。あるいは、距離が長かったのかもしれない。はたまた、仕上げ不足でガス欠を起こしたのかもしれない。何かが噛み合わずに、ひと踏ん張りが利かなかった。

だが、裏を返せば、もし、仮にうまく噛み合い、あとひと踏ん張りさえ利けば、好走できたということだ。条件さえカチッとハマれば、好走する見込みがある。だから、ギリギリまで粘っていた馬は、〝今度こそは〟『最後まで粘る』可能性を秘めているのだ。

ギリギリまで粘っていたウインマーレライ

'14年のラジオNIKKEI賞を制したのは、ウインマーレライだった。同馬は、前走の青葉賞で8着。先行したものの、粘り切れずに(馬券)圏外に終わっている。だが、この青葉賞(8着)のレースVTRをよく観察すれば、ふつうの〝先行バテ〟の馬とは、まったく異なることに気づく。そう、ギリギリまで粘っていたのだ。

《バツグンの手応えで直線に向いたウインマーレライは、直線途中まで持ったまま。(このレースで2着だった)ワールドインパクトに競りかけ、一騎打ちの様相を呈した。

ところが、残り100mあたりで突如ウインマーレライの脚色が鈍り始める。ギリギリまで2番手で粘っていたものの、最後は力尽きて失速。馬群に飲まれてしまった(青葉賞 8着)。》

手応えよく、十分な見せ場を作り、ゴール寸前まで粘っていたウインマーレライ。それが、なぜ、最後に力尽きてしまったのか?

これは、『距離が長かった』からだろう。同馬は過去1800mで2勝。父のマツリダゴッホは1600

ウインマーレライ　14年青葉賞 8着
（次走：ラジオNIKKEI賞　5人気1着）

直線に向いて勢いよく前に並びかける

2頭の併せ馬となり、一騎打ちの様相

ギリギリまで粘るが、最後の最後で失速

m前後でよい種牡馬。青葉賞の2400mは、ハッキリ距離が長かったのだ。凡走の理由は、デキ落ちや能力の問題ではなく、距離が長かったの1点に尽きる。だからこそ、2400m→1800mへ距離を短縮した次走のラジオNIKKEI賞で一変できたのである（5番人気1着）。

先行バテした馬は、早々に敗色濃厚だったのか、それとも、ギリギリまで勝ち負けに加わっていたのかを、よく見極める必要がある。

勢いよく伸びてきたが、最後に脚色が鈍る

直線に向いてグングンと加速。「おっ、これは来たな」と思わせておいて、拍子抜けするほど脚色が鈍る馬がいる。このような『(直線)前半までは伸びてきたが、後半で脚色が鈍った馬』も要注意である。なぜなら、一瞬は、伸びて見せ場を作ったからだ。'17年の阪急杯を制したトーキングドラムの前走（洛陽S4着）が、まさにそのパターンだった。

トーキングドラムは、洛陽Sで4着。3着とは水を開けられた4着で、一見すると、平凡な4着に思える。ところが、レースVTRをよく確認すると、ただの4着ではなかった。直線前半で〝差し切る勢い〟がありながら、最後に甘くなった4着だったのだ。つまり、『勢いよく伸びてきたが、最後に脚色が鈍った』パターンだ。

同馬は直線に入ると、一旦は『前に出たか出ないか』ぐらいの勢いがあった。ところが、直線後半で勢いが鈍り、最後は雪崩れ込んだだけの格好となっている。なぜ、差し切るだけの勢いがありながら、最後に脚色が鈍ってしまったのか？

これは、『大外を早めに動いた』分だろう。要するに、強気に乗りすぎた。さらに、距離の1600mもギリギリで、『外を回る＆早仕掛け』だったため、最後の最後でガス欠を起こしてしまったのである。1400mに距離を短縮した次走の阪急杯で、7番人気1着。

トーキングドラム　17年洛陽S 4着
（次走：阪急杯　7人気1着）

4角で積極進出

直線でグイグイと伸びて前を飲み込む勢い

最後で脚色が鈍る

実況に馬名を呼ばれたか

ここまでみてきたように、『見せ場を作りながら凡走した馬』は注目に値する。同じ凡走馬でも、まったく見せ場ナシだった馬に比べると、雲泥の差であることが、お分かり頂けたと思う。

見せ場を作ったかどうかは、『実況に馬名を呼ばれたか』も、ひとつの目安になる。レースの佳境に入り、実況から馬名をアナウンスされた馬は、勝ち負けに加わっている証拠だ。

実況するアナウンサーは、全体をくまなく観察している。だから、（レース後半で）見せ場があれば、たいてい、馬名を呼ばれるはずである。逆に、まったく見せ場を作れなければ、馬名は呼ばれない。このことは、ひとつの目安として覚えておくといい。

「勝てそうだったのに、意外と伸びなかった」という馬がいたら、その敗因をよく分析することだ。（敗因アリならば）消化不良だった前走の〝うっぷん〟を晴らすシーンを目撃することになるだろう。

モタれる

能力を発揮できない原因のひとつに『モタれ』がある。

モタれるとは

レース中（主に直線で）斜行すること。外に斜行した場合は『ふくれる』。内に斜行した場合は『ササる』とも言う。

競走馬はもともと、いつも、まっすぐに走れているワケではない。パトロールビデオを観察すると分かるが、（とくに直線では）各馬、左右に蛇行しながら走っている。だが、その蛇行具合が激しいと直線の伸びに影響する。騎手はモタれた状態を矯正するのに手一杯。まともに追えずに、伸びが鈍るのである。

モタれた馬は全力を出し切れていないことが多い。仮に、まっすぐ走れていれば、もっとパフォーマンスを上げていたはずで、その分、伸びしろが残されているのである。

モタれているかを判別するには？

モタれているかを判別するには、『騎手が直線でキチンと追えているか』をみるといい。モタれている場合、騎手が、なにか追いづらそうにしている。まっすぐ追うのではなく、横に横に矯正しながら手綱をしごき、満足に追えていない。（不利もないのに）騎手が追いづらそうにしている場合、大抵は『モタれ』が原因だ。

モタれた馬を狙うタイミングとしては、（右回り→左回りなどの）コース替わり、内枠、馬具の装着や変更などがある時だ。

モタれていた例

最近の例をあげるなら、18年の青葉賞2着のエタリオウ（7番人気2着）。同馬は近2走で差し切るだけの脚をみせながら、直線、内にモタれたことで最後に甘くなっていた。それが次走の青葉賞では、右回り→左回りのコース替わりが功を奏し、モタれ癖を封じ込めることに成功。直線、（モタれることなく）真っすぐ脚を伸ばし、人気薄の2着に激走した。

この他、モタれて力を発揮できなかったのが、15年の都大路S時のマジェスティハーツだ。同馬は、あまりにもモタれ方がヒドく、直線ではほとんど追えなかったほど。だが、次走の鳴尾記念では、内ラチ沿いを走らせる好騎乗によって、モタれ癖を最小限に抑え、2着に食い込んだ（8番人気2着）。

手前を替えていない

直線でキチンと手前を替えていない馬は、伸びが鈍る傾向にある。手前を替える＝軸足を替えること。

右手前

前脚を、左→『右』の順で着地させる

左手前

前脚を、右→『左』の順で着地させる

〝最後に着地する脚〟が、右なら右手前。左なら左手前となる。直線で手前を替えることで、片方の脚にだ

マジェスティハーツ　15年都大路S 4着
（次走:鳴尾記念　8人気2着）

追い出すと内へモタれ始める

モタれながらもジリジリと伸びるが…

前と離された4着

レース後、鞍上（森騎手）のコメント

「モタれる面を見せてしまって……。その分の4着でしたが、今日のレースから、大分、いい頃の状態に近づいてきたなと思いました」次走、鳴尾記念で8番人気2着に激走。

け負担がかかることを予防し、それが最後の伸びにつながる訳だ。

ふつう、右回りの競馬場なら、コーナーを『右手前』で回り、直線では『左手前』に替える（左回りはその逆）。だが、中には直線で手前を替えず、右手前のまま走る馬がいる。このように手前を替えなかった馬は（同じ軸足に負担がかかるので）直線で疲れやすい。どうしても、最後のひと踏ん張りが利きづらくなる。

手前を替えずに走った馬は、全力を出し切れていないことが多い。次走、（右回り→左回りなどの）コース替わりで、手前替えがスムーズにいくと、もうひと押しが利くことがある。

手前を替えていない馬の見分け方

（直線で）手前を替えていない馬を、どのように見分けるのか？　注目するのは前脚だ。手前を替えていない馬は、前脚を『左右同時』に振り出しているように見える。※見えるだけで、実際に同時に振り出している訳ではない。

イメージとしては、チーターのような走り方だ。他

左手前に替えた状態

（右回りのコースで）直線で手前を替えず、右手前のまま

には、(漫画)『みどりのマキバオー』に出てくる〝マスタングスペシャル〟と言えば、(一部の人には)分かるかもしれない。なぜ、このように(左右同時に振り出しているように)見えるのか? それは、前脚を着地させる『順番』が関係している。

きちんと手前を替えた馬は、右回りの競馬場なら、スタンド側(我々から見える側)の前脚を、弓を引くように曲げている(上に持ち上げて引きつけた状態)。この曲げた脚を、最後に着地させる訳だ。だから、我々の側からは、曲げた状態の前脚が長い時間、見えることになる。

しかし、手前を替えていない馬は、反対側(ラチ側)の前脚を曲げている。我々の側から見える前脚を、まず先に、まっすぐ伸ばして着地させ、次にラチ側の脚を最後に着地させる。そのため、まっすぐ伸ばしているように見えるのだ。

早めに動いた馬

早めに動くと脚が溜まりにくい

勝負どころで早めに動いた馬と、ジッとしていた馬。評価できるのは、どちらの馬だろうか? これは『早めに動いた馬』だ。なぜなら、早めに動くと〝なし崩し〟に脚を使わされ、その分、脚が溜まらず、最後に〝ガス欠〟を起こしやすくなるからだ。(本来、ジッとしていたら脚が溜まる馬でも)早めに動くことで、末を無くす危険が増す。

たとえば、ジッと溜めれば3着ぐらいに走れた馬がいたとしよう。そんな馬でも、早めに動いたがために、5着や6着に終わったりする。早仕掛けだと、本来あるべき着順より順位を落としやすい。※ただし、早仕掛けがタブーなのは、基本『芝レース』。（圧倒的に前が有利な）ダートでは、少々早仕掛けでも問題ない。

裏を返せば、皆が動いているところで脚を溜めれば、末は伸ばしやすいということ。『着狙いの追い込み馬』を想像すると分かりやすい。着狙い（＝1着よりも、5着内を狙う）は、皆が動いている時でもジッと脚を溜めている。だから、いつも『末は確実』だ。だが、たいていは、大勢の決したあと。まれに展開が向いたときに馬券内に食い込むが、往々にして遅きに失する結果となる。だから、掲示板（5着内）の付近を行ったり来たりの成績になりがちだ。

・仕掛けを遅らせる⬇脚が溜まりやすい

・早仕掛け⬇最後に脚が上がりやすい

ちなみに、一番の理想は〝ここぞ〟という絶妙のタイミングで動くことである。これより早いと末を無くす危険があるし、遅いと脚を余す危険がある。だが、騎手も人間だ。いつも完璧なタイミングで動ける訳ではない。

早めに動く理由

早めに動くと、失速する危険がある。では、なぜ、（失速する危険を冒してまで）早めに動く馬がいるのだろうか？　その理由は『勝ちに行っている』からだ。早めに動けば、ポジション的には有利になる。不利を受けたり、包まれて脚を余すリスクは格段に減る。※その他、ズブい馬に対して、あえて早仕掛けが敢行される場合もある。

実力が抜けている馬なら、早めに動いた方がいいだろう。少々、早仕掛けでも、実力の違いでねじ伏せることが可能だからだ。なまじ脚を溜めて不利を受けるよりは、強引にでも動いて力を出し切った方が得策だ。

だが、実力がギリギリの場合、早めに動くと、末を無くすリスクの方が高い。うまくハマればよいが、一歩間違えば、大崩れしかねない。早仕掛けで凡走した馬は、早仕掛け特有のリスクが露呈した結果とも言えるのだ。

反応◎は早仕掛けになりやすい

私が『反応がよい』と言っている馬は、基本、早仕掛けである。（反応が鋭い、という理由の他に）早仕掛けだから評価している側面もあるのだ。

若竹賞のウインブライトは、反応がよすぎて、結果的に早仕掛けとなった格好だ（次走スプリングS1着）。当時、鞍上だった松岡騎手は次のように述懐している。

「若竹賞は自分が思った以上に（馬の）反応が良くて、早仕掛けになってしまいましたが、強い競馬をしてくれました」※ラジオNIKKEIホームページより

反応のよい馬は、（結果的に）早仕掛けになりやすい。凱旋門賞のオルフェーヴルもそうだった。

凱旋門賞のオルフェーヴル

2012年の凱旋門賞。日本の至宝オルフェーヴルは、前哨戦のフォワ賞を快勝し、満を持して本番の凱旋門賞へと駒を進めた。だが、この凱旋門賞では、勝つだけの力を見せながら、結果的には涙を飲むハメになる。

フランス・ロンシャン競馬場。最後の直線。騎手のGOサインに鋭く反応したオルフェーヴルは、猛烈な伸び脚を見せ、堂々と先頭に立った。その後も、後続を突き放す勢い。中継をみていた（日本人の）多くは、オルフェーヴルの勝利を確信したに違いない。ところが…だ。

ゴールまで残りわずかの最終局面になって、急に雲行きが怪しくなる。完全に抜け出したところで、オルフェーヴルが突如、内へ内へとモタれ始めたのだ。モタれた影響で、わずかながらも、伸び脚が鈍る。

どうやら早く抜け出しすぎて、気を抜いてしまったようなのだ。そして、この一瞬のスキを、百戦錬磨のベテラン外国人ジョッキーが見逃すはずがなかった。

オルフェーヴルの背後からヒタヒタと迫る黒い影。その影とは、ペリエ騎乗のソレミアだった。ソレミアに、ゴール寸前で図ったように差し切られてしまったのだ。着差は、わずかにクビ差。一度は手中に収めたはずの勝利…。それが、早仕掛けのために、ゴール寸前で他馬の手に落ちてしまったのである。

無論、この凱旋門賞でオルフェーヴルは力負けした訳ではない。仕掛けのタイミングが、あともうワンテンポ遅ければ、おそらく楽に勝てていただろう。このオルフェーヴルのように、勝てる力を持ちながら、早仕掛けのために敗れるケースは珍しくない。

マクった馬の評価

では、道中でマクった馬はどうか？　早仕掛けが高評価できるのであれば、（極限の早仕掛けと言える）マクった馬はさらに評価できるはず。

結論から言うと、マクッた馬は、取り立てて評価はしない。なぜなら、マクる馬が動くのは、大抵ラップが緩んだ地点だからだ。ラップが緩んだ地点で動いても、スタミナは、さほど削られない。

それよりも、勝負どころのシンドイ地点、ラップが速くなった地点で、いち早く動いた方が評価できる。

マクった馬は、『マクり始め』の地点に注目するといい。マクりを開始する際に、騎手が、たいして仕掛けず、スーッと楽にマクれていれば、（それなりに）評価はできる。

早仕掛けで凡走した次走を狙う

本来、勝てる実力を持ちながら、早仕掛けのために敗れるケースは意外と多い。早仕掛けだと、ガス欠を起こしやすいし、抜け出してソラを使う（気を抜く）こともある。

また、早仕掛けの馬は大抵、コーナーで『外』を回っている。インから早仕掛けというのは、（物理的に難しいため）あまりない。早仕掛けだった上に、外を回れば余計に甘くなりやすいだろう。早仕掛けで敗れた馬は、次走以降、激走する可能性を秘めた一目置ける存在なのである。

外を回った馬

外を回るロスはバカにできない

「もし、クレオパトラの鼻がもう少し低かったら、世界の歴史は変わっていただろう」と言ったのはパスカルである。

「もし、競走馬のハナがもう少し長かったら、財布の中身は変わっていただろう」と言ったのは競馬場のオヤジ（※すなわち、私）である。

競馬の結果は、ときに、わずかな着差でも〝天と地〟ほどの開き。ハナ差、クビ差の違いで、馬券は大金にも化けるし、紙クズにもなる。だからこそ、ちょっとした距離のロスはバカにできない。レース結果に少なからず影響を与えるからだ。

どれくらいのロスが発生するか？

コーナーで外を回った馬と、インぴったりの馬。どちらが、〝距離損〟をしているかは論をまたないだろう。コーナーで外を回った馬は、（インを通った馬に比べて）余計に距離を走ることになり、距離損が発生する。距離損が発生するのは、主にコーナーを回るときである。

《コースの外を回る不利は想像以上に大きい。たとえば中山芝1600mで、馬2頭分外を回ると12m、3頭分外を回ると18・2mの距離損が発生する。18mというと、時計にして約1秒。1秒というと、馬身にして約6馬身のロスである。》 ※TARO&「競馬最強の法則」取材班 著『枠運理論 ラッキーゲート』より

ここに、2頭の『追い込み馬』がいる（としよう）。1頭は、コーナーで『外』を回り、直線でも外を通った追い込み馬。もう1頭は、コーナーで『イン』を回り、直線だけ外に出した追い込み馬。

Ⓐコーナー『外』→直線『外』
Ⓑコーナー『イン』→直線『外』

どちらがロスの大きい競馬だったかは、お分りだろう。答えは(Aの)コーナーで『外を回った』方だ。

Bの方は、経済コースのインを回りながら、直線では(馬場のキレイであろう)外に出している。距離ロスを抑えながら、最後は(伸びやすい)外の馬場を通ったのだから、伸びて当然である。

※追い込み馬がインを突くのは、『一か八かの賭け』であることが多い。外を回すと間に合いそうもないので、一か八かで、インを突くのである。インを突けば、距離ロスを抑えられる一方、前が詰まるリスクも高くなる。

外を回るほど、ロスは発生。だから、大外をブン回して健闘した馬は、一定の評価を与えてしかるべきだ。なかでも、『インが有利な馬場』や『前が止まらない展開』で外を回った馬は、より一層、高く評価できる。

逆に、インの馬場状態が悪く、『外差しが決まる馬場』で外を回ったとしても、さして評価はできない。

外を回って健闘したダービー馬

'14年のダービー馬ワンアンドオンリー。同馬は前走の皐月賞(4着)で、4角『6頭分』の大外を回って、ラストに猛追した。前が止まらない馬場&展開だっただけに、強い4着であった。

この『大外を回る』に、手応えや反応の良さが加われば〝鬼に金棒〟である。ロスが発生するのは基本コーナーを回る時だ。そのコーナーでロスを発生させながら、手応えや反応も良いとすれば、その馬は〝ただ者〟ではない。

'14年の日経賞。このレースで、大外を回りながらバツグンの反応をみせたのがウインバリアシオンだった。同馬は4角で『4頭分外』を回り、一気の進出。直線では内にササりながらも、後続をねじ伏せるように押し切った。次走の天皇賞(春)では、クビ差届かなかったものの、2着に好走。

このように外を回った馬は、基本、高評価できる。馬場や展開、手応え、反応などを勘案しながら評価を微調整するといいだろう。

ウインバリアシオン　14年日経賞 1着
（次走:天皇賞・春 3人気2着）

4角で『4頭分外』を回って一気の進出

直線に向くや否や、あっという間に先頭へ

後続をねじ伏せる

chapter 2 レースの見方編

直線Vライン

Vラインは使える

『Vライン』をご存知だろうか？　これは、『道中で下がりながら、再び盛り返した馬は狙える』という、競馬王でもお馴染み、毎日新聞社の松沢一憲氏が提唱した馬券術である。

たとえば、前走の位置取りが『3－3－6』（3着）のような馬。この場合、3番手で走っていたのが、一旦6番手まで下がり、再び3番手（3着）まで盛り返したことが分かる。

このVラインの根底にある考えは、【競走馬はその性質上、一旦下がりながら再び盛り返すことは困難】ということ。それでも、盛り返すのは、よほど馬に〝走る気〟があるからだと松沢氏は説く。

この考えはシンプルだが、なかなか使える。私が長年レース分析を行ってきた中でも、やはり、下がって盛り返した馬は激走しやすい傾向にあった。道中でスムーズに走れた馬と、スムーズさを欠いて下がった馬とでは、スタミナの消耗度に差があって当然である。

ただ、馬柱では下がったように見えても、たんに後ろの馬がマクっただけとか、大外を回り過ぎただけ、というケースもある。肉眼でしっかりと『下がっている』ことを確認することが大切だ。

勝負どころでズルズルと後退し、再び盛り返した。そんな明確なVラインを刻んだのが、17年の七夕賞のタツゴウゲキだ。同馬の位置取りは『3－5－5－11』（6着）。道中は『5番手』で進んでいたのが、バテた馬の影響で4角『11番手』まで後退。そこから、盛り返しての6着だった（次走、小倉記念で4番人気1着）。この例などは、まさに『一旦、下がって盛り返す』Vラインの典型的な事例と言えるだろう。

驚異的な盛り返しを見せた後に走ったパターン

17年小倉記念　タツゴウゲキ　4人気1着

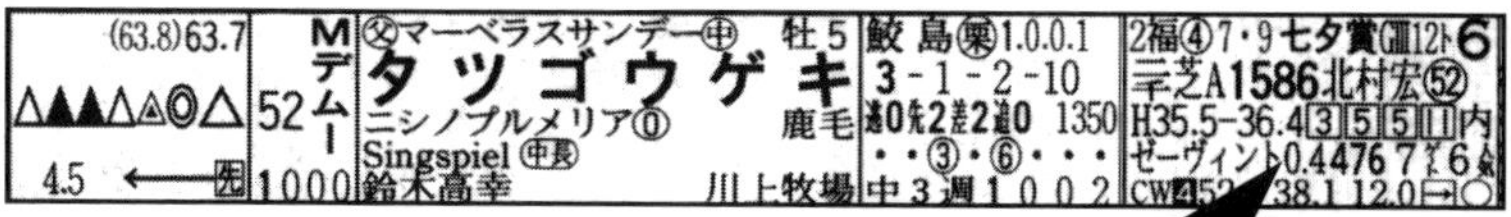

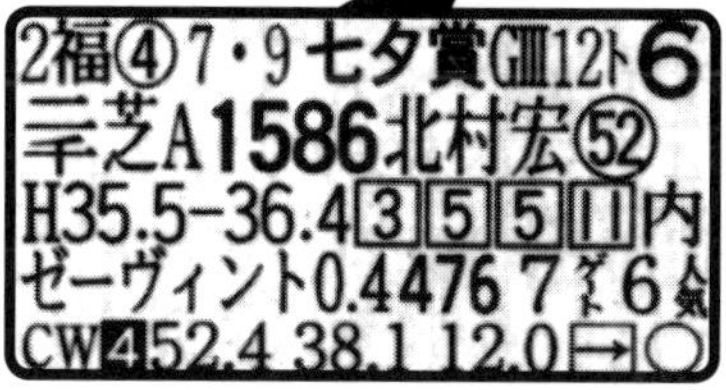

前走、「昇級初戦」に加え、「初の重賞戦」という厳しい状況下で、驚異的な巻き返しを見せたタツゴウゲキ。その「やる気」は紛い物ではなく、次走、次々走と、重賞を連勝したことで証明して見せた。

直線で下がった直線Vライン

このVライン的な要素で、私がもっとも〝激アツ〟と考えているのが、『直線』で下がって盛り返した馬だ。直線では、どの馬も最後の力を振り絞り、極限の中で走っている。そんな最中に、一旦ブレーキをかけて下がるロスは、（馬の性質を考えると）致命的だ。それでも盛り返してこれるのは、よほど馬が充実しているか、力が違うかのどちらかだろう。※私は、この直線で下がって盛り返すことを『直線Vライン』と呼んでいる。

’16年のシンザン記念を制したロジクライ。同馬の前走・千両賞（4着）は『直線Vライン』に該当していた。《直線でインを狙ったロジクライは、まさに先頭に躍り出んとする勢いだったが…（目の前を走っていた）逃げ馬が内へ内へと切り込んできたため、止むを得ず、急ブレーキ。ズルッと5番手まで後退してしまう。そこから、立て直し、もう一度伸びての4着だった。》

上位とは離された4着だったが、直線で『下がる→盛り返す』という直線Vライン馬だったのである。

ロジクライ　15年千両賞 4着
（次走：シンザン記念　8人気1着）

インを狙って先頭に立つ勢い

前が狭くなり、ズルッと後退

盛り返して再び伸びる

この他、強烈な直線Vラインを刻み、私の記憶に深く刻印されているのが、いちょうS（'95年）時のエアグルーヴだ。エアグルーヴは、当時、直線でインを狙うも、突如として進路がクローズ。騎手が手綱を引いて、立ち上がるほどのロスがあったが、再び息を吹き返して差し切った。※同馬はその後、G1戦で牡馬と互角に渡り合い『女傑』と称されるほどの活躍をみせた。

ここで大事なポイントは『下がる』ことだ。前が壁になって、追えない馬は結構いる。だが、『下がって』再び伸びるのはレアケースなのだ。直線で下がった馬は、大抵、そのまま馬群に沈んでジ・エンドである。それが、（直線Vライン馬は）再び盛り返す気概をみせるのだから、並の馬とは違う。レースをみていて、そんなガッツあふれる馬に出くわしたら積極的に狙ってみるといい。

馬場の不利を被った馬を買え

馬場の影響は大きい

『キレイな馬場』を通ったのか、それとも『荒れた馬場』を通ったのか。『馬場の、どの部分を通ったか』によって、着順は大きく変動する。仮に、同じ馬が、同じように走ったとしても、〝馬場状態の違いだけで〟、まるで違う結果になる可能性がある。

新潟・直線1000mのデータで分かる馬場の影響

では、馬場の影響はどれほどのモノなのか？　これは、『新潟・直線1000m』を観察すると、よく分かる。(ご存知のように)新潟・直線1000mは、圧倒的に〝外枠が有利〟。外枠で、馬場のキレイな『外側』を走れた馬と、そうでない馬とではハッキリと結果に違いが生じる。※下記データ参照

新潟・直線1000mは外枠ほど好成績。外枠になるほど、複勝率は右肩上がりで高くなっている。8枠の複勝率は、1枠のダブルスコア(倍以上の差)だ。『馬場のキレイな部分を通れたか否かが、結果を大きく左右する』ということを新潟・直線1000mのデータが如実に物語っているのである。

新潟・直線1000mは、スタート後、各馬が一斉に『外』を目指して移動する。これは、少しでも馬場のキレイな部分を走らせようとしているからなのだ。もし、馬場の〝どの部分〟を走っても、たいして違いはないのなら真っすぐ走らせるはずである。それが、猫も杓子も(距離ロスを発生させてまで)ナナメに走らせるのだから尋常ではない。それだけ馬場の影響が大きいということだろう。

まとめ

『馬場のどの部分を通ったか』によって結果は変わる。そのことは、新潟・直線1000mのデータからも読み取れる。

■新潟直1000m

枠番	複勝率
1枠	12.2%
2枠	11.9%
3枠	13.5%
4枠	17.4%
5枠	16.1%
6枠	21.7%
7枠	22.0%
8枠	26.7%

＊全オッズ範囲

IDMにも影響

JRDB(＝ジャパン・レーシング・データバンク)が開発した独自のスピード指数＝『IDM』。このIDMを算出する際も、JRDBは馬場状態の違いに心を砕いている様子。

《芝がいい部分を通った馬とそうでない馬では、0・5秒以内（芝1600mの場合なら2馬身半）の差がつくと見て、それを補正するわけだ。》

※城崎哲 著『風雲！赤木塾』より

通った馬場の違いだけで2馬身半もの差がつく（可能性がある）というのは、無視できない話。馬場をまったく考慮せずに予想するのは、半ば〝目隠し〟をして予想するに等しい。

馬場活用術

馬場を、どのように馬券に活かせばいいのか？ 主に以下の2つだ。

①『当日の馬場』をみて、その馬場にマッチした馬を狙う。

②事後的にみて、馬場の悪い部分を通った馬の『次走（以降）』を狙い撃つ。

①の『当日の馬場』に関しては、気に掛けている方も多いと思う。「今日は、前残りの馬場だ」とか、「外差しが決まる」等、今の馬場にマッチした馬を狙う戦術だ。

前が止まらない馬場で、追い込み馬を狙っても、まず届かないだろう。逆に、外差しが決まる馬場で（内枠の）先行馬を狙っても、ずっと悪いインを走らされてジ・エンドだ。以下が基本的な狙い方になる。

『イン有利』な馬場⬇『内枠の先行』狙い

『外有利』な馬場⬇『中・外枠の差し』狙い

ただ、当日の馬場状態は（当然ながら）当日にならないと分からないのがネックだ。馬場傾向をつかむのに何レースも観る必要があるし、どうしてもバタバタとした予想になりがちだ。私の場合、まず土曜の馬場傾向を確認。その傾向を、日曜の予想に反映させる程度にとどめている。

不利な馬場を通った馬

②不利な馬場を通った馬の『次走』を狙う

不利な馬場（伸びない馬場）を通った馬を、次走で狙い撃つ。こちらの作戦の方が、使い勝手はいい。なぜなら、馬場の悪いところを通った事実は不変であり、事前に予想ファクターとして組入れることができるからだ。

馬場の悪いところ通った馬は（本来あるべき着順よりも）順位を落としていることが多い。その分、妙味が発生しやすい。

たとえば、まともなら3着ぐらいに走れた（であろう）馬でも、馬場の悪いところを通ったがために、5着や6着にとどまるケースがある。このような馬は、馬場の影響で順位を落としただけなので、次走以降で順位を上げやすい。

馬場の見極め方

では、どうやって馬場傾向をつかめばよいのか？ポイントは以下の3点になる。

①『〝人気薄〟で激走した馬』は、馬場のどの部分を通ったか？　どんな脚質だったか？　→人気薄で激走した馬は『有利な馬場（伸びる馬場）』を通った可能性が高い。なぜなら、低評価を覆して激走するには馬場のサポートが必要なケースが多いからだ。

②『〝上位人気〟で凡走した馬』は、馬場のどの部分を通ったか？　どんな脚質だったか？　→上位人気を裏切って凡走した馬は、通った馬場が不利（伸びない馬場）だった可能性がある。上位の力を持ちながら凡走するのは、馬場が〝足かせ〟となったケースが考えられるからだ。

③次走で巻き返したか？　→たとえば、人気馬が『イン』を通って凡走したとする。この場合、凡走し

た人気馬が、次走で巻き返していたら、当時は『インが不利な馬場』だった可能性が高まる。なぜなら、前走の敗因(の1つ)に、馬場の不利が考えられるからだ。仮に、巻き返さなかったら、特段、インが不利ではなかったのかもしれない。

簡易・馬場チェック法

(インが有利などの)馬場傾向を、瞬時に判断するには『隊列の形』をみるといい。パッと見、ゴール前の隊列が以下のような形なら、それぞれイン有利、外有利と判断できる。

・(逃げ馬を頂点とした)『たて長の三角形』…イン有利

・三角形が崩れ、『馬群が凝縮』…外有利

図のように、縦に伸びた三角形を最後までキープした場合、『インが有利な馬場』だった可能性が高い。逃げ・先行馬の脚色が衰えず、外の追い込み馬はジリ

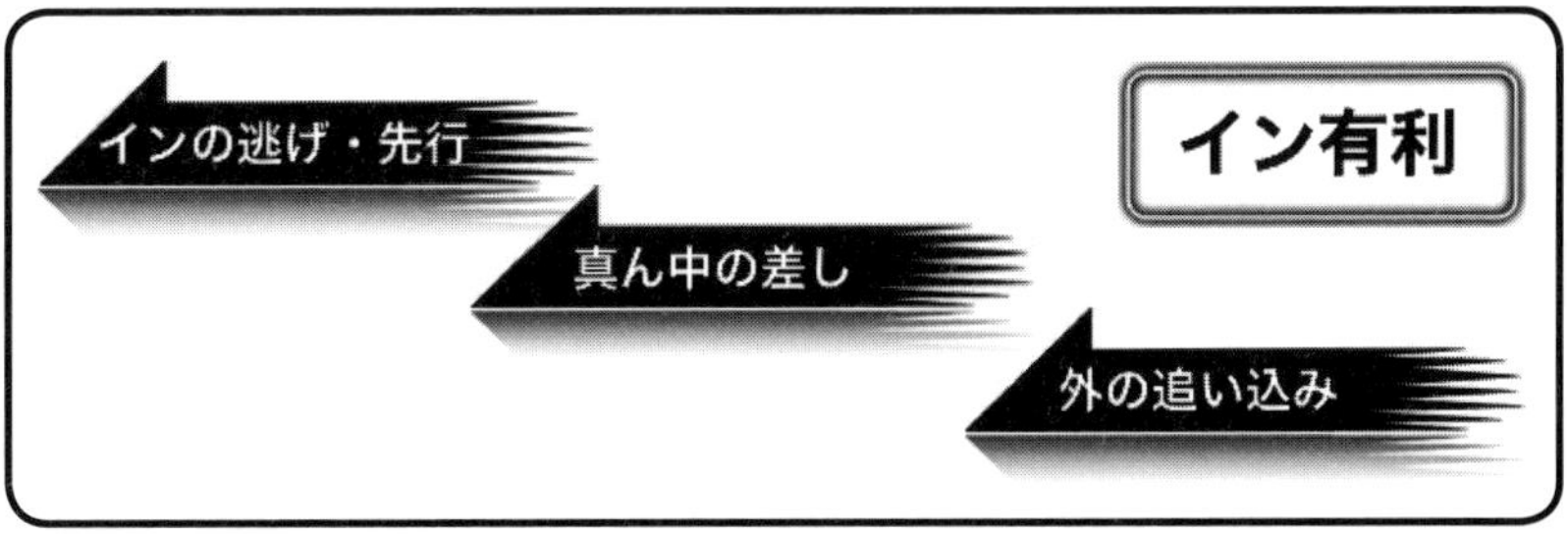

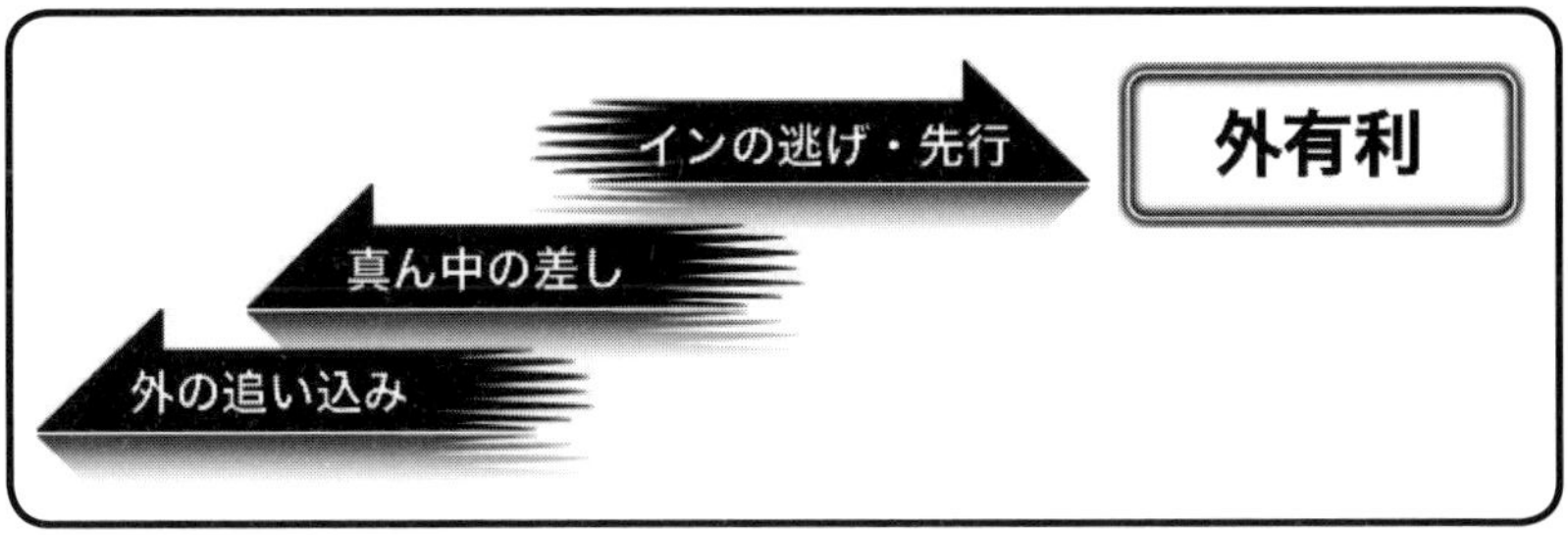

ジリとしか伸びない。もし、このような三角形のレースが多発していたら、インが有利な前残り馬場とみて間違いないだろう。

一方で、三角形が崩れ、直線に入って馬群が凝縮→インの先行馬が沈む、このようなレースが多ければ『外が有利な馬場』と判断できる。外が伸びる馬場なので、差し・追い込み馬は勝負どころで難なく差をつめ、射程圏に位置することができる。

※ちなみに、馬場の有利不利が発生するのは、主に『芝レース』である。ダートは（芝に比べると）馬場の有利不利が発生する頻度は低い。

馬場の不利を被った馬の見え方

まともなら好走できたはずの馬が、馬場の不利を被って凡走した場合、（視覚的に）どのように映るかを記しておく。

まず、荒れたインを通って凡走した場合、【直線前半でグイグイと伸びてきたが、最後に脚色が鈍った】、もしくは【粘れそうで粘れず】といった感じに見える。粘れるだけの脚はあったが、荒れたインを通ったがために、最後に疲れてしまうパターンだ。

次に、前が止まらない馬場（インが有利な馬場）で、外から差してきたケース。このケースでは、【馬自身は最後までグイグイと伸びているのに、前が止まらずもどかしい】というふうに見える。いずれにせよ、見せ場は十分。たとえ馬場の不利を被った馬でも、まったく勢いがなかったり、見せ場を作れなかった馬の巻き返しは期待薄である。

馬場の不利に泣かされたステファノス

ステファノスという馬を例に説明しよう。同馬はまず、'15年の毎日王冠で不利な馬場（イン有利）に泣かされ凡走。次走の天皇賞（秋）で巻き返している。

'15年 毎日王冠（7着）

・馬場の傾向…『イン有利』
・ステファノスが通った馬場…『外』
（次走：天皇賞秋 10人気2着）

当日の東京・芝コースは〝インの決着〟ばかり。馬券圏内の大半を、内目の馬場を通った馬が独占した。反対に、外を通った馬はただの1頭も馬券に絡めず壊滅状態だった。※当日、外を通って届かなかった馬が、次走で続々と巻き返したことも付け加えておく。

つまり、明らかに『インが有利な馬場』だったのだ。

さらに当日は4R以降になって雨も止み、馬場が『稍重→良』へと回復。これも、イン有利に拍車をかけた。※（良馬場に）回復した直後の馬場は、インの先行馬が残りやすい。

ただでさえ、インが有利だった馬場は、（馬場が乾いたことで）より一層イン有利な馬場となった。この〝超・イン有利馬場〟で行われたのが、'15年の毎日王冠だったのである。

勝ったエイシンヒカリは、馬場のキレイなインを通って逃げ切り勝ち。対照的に、外から追い込んだステファノスは7着止まり。だが、ステファノスは次走の天皇賞（秋）で10番人気2着に激走。一方の勝ったエイシンヒカリは、2番人気9着に凡走している。

今度は、外有利の馬場に泣く

'15年の毎日王冠では『インが有利な馬場』に泣かされたステファノス。だが、翌年の毎日王冠では『外が有利な馬場』によって、再度、辛酸をなめるハメになる。

'16年 毎日王冠（5着）

・馬場の傾向…『外有利』
・ステファノスが通った馬場…『イン』
（次走：天皇賞秋　6人気3着）

この年の毎日王冠は5着。（内枠だったこともあり）直線でインを狙ったステファノスだったが…当日の東京芝は、『外が伸びる馬場』だった。

1着　ルージュバック　（外）
2着　アンビシャス　（外）
3着　ヒストリカル　（大外）

'16年年毎日王冠の1~3着は『外を通った馬』が独占。3着のヒストリカルに至っては、単勝オッズ75・3倍の超・人気薄だった。ステファノスは不利なインを通ったうえに、直線で前が詰まるという、まさに泣き面にハチ状態。『馬場の不利 ＋ 物理的な不利』というダブルパンチを食らっては、さしもの実力馬も実力発揮はままならない。次走、天皇賞（秋）で6番人気3着に巻き返し。

このように、馬場は、結果に重大な影響を及ぼす。馬場は、まったく無視できない重要なファクターなのである。

逃げ馬の見方

逃げは特殊な脚質

まず覚えておいて欲しいのが、逃げは極めて『特殊な脚質』ということ。逃げ・先行・差し・追い込み・マクリ。競馬には、さまざまな脚質があるが、逃げだけは異質な存在。なぜなら、逃げ以外の脚質は複数の馬が該当することになるのに対し、逃げの席はただ1つ。逃げる権利があるのは、出走馬中、ただ1頭のみである。そして、『逃げた馬を全て買ったらプラス』になるように、逃げは、とてつもなく有利な脚質だ。

《ハナを切るメリットは多い。マイペースで先頭を走れば、馬は気分がいいはずです。馬の本能、肉食動物の猛追から逃げるという欲求も満たされ、襲われる心配はありません。そして内ラチに沿って最短距離を走ることができる。ダート戦では砂をかぶる心配もない。

なにやら良いことずくめに思えます。》
※週刊ポスト2017年7月14日号　角居勝彦調教師のコラムより

逃げた場合、前の馬を追い抜く必要がなく、不利を受けることもなく、ただ、そのままの位置をキープすればいい。しかも、（他の脚質に比べて）格段にストレスは少なくて済む。もともと馬は臆病で繊細な生き物だ。音に敏感で、視野も広い（350度）。馬込みでモミクチャにされたり、（ダートでは）砂を被ったり、そんなことは、本来なら大嫌いなはずの生き物だ。だからこそ、揉まれずに先頭を走れる『逃げ』は、最も強力で最も激走しやすい有利な脚質と言えるのだ。

ともかく、逃げの破壊力は絶大。ハマれば、『実力以上の力を発揮』することもある。少々のハイペースでもへこたれない。先行馬は全滅したのに、（ハイペースを生み出した張本人である）逃げ馬は残っている、そんなシーンは日常茶飯事だ。

前走で逃げた馬のリスク

逃げ馬のリスクは、『逃げられなかったとき』に、成績が悪化することだ。

前走逃げ ➡ 今走逃げられず

㊥56%　㊮66%　総数13297

（前走で逃げた馬が）逃げられなかった場合の成績は散々。逃げ馬は、気性的に難しい馬が多く、（逃げられずに）揉まれると驚くほどモロいときがある。しかも、前走で気分よく走った〝ギャップ〟で余計に嫌気を差しやすい。逃げ馬は、逃げてナンボなのである。

では、どのようにして、今回『逃げる or 逃げない』を見極めればよいのか？　これは、①テンの速さ②相手関係③厩舎の談話から判断するほかない。

①テンの速さ

前走が速いペースで、かつ、たいして仕掛けず前に行けていたら、今回も、逃げられる公算は大きくなる。逆に、前走が遅いペースなのに、スタートから追っつけ追っつけでは、逃げが叶う見込みは薄いだろう。●テンの速さという『数字』●実際のレースからみる『行きっぷり』。馬自身の速さについてはこの2点から判断できる。

②相手関係

当然だが、逃げは相手関係にも左右される。他に逃げたい馬がいる場合、逃げの確率は落ちる。もし、相手が「どうしても逃げたい」と強引にハナを主張すれば、こちらは身を引かざるを得ない時もある訳だ。逃げられるかどうかは、他馬の出方次第という〝他力本願〟な面がある。やはり、他に逃げ馬がいない『単騎逃げが濃厚なメンバー』であることが望ましい。

また、（過去にずっと逃げている）〝生粋の逃げ馬〟なら、今回も逃げられる公算は大きくなる。なぜなら、ライバル陣営が「あの馬はいつも逃げているから、競りかければ共倒れになりかねない」と考え、ハナを譲ってくれることが多いからだ。

③厩舎の談話

今回、逃げられるかどうかを判断する際、厩舎の意向も無視できない。『厩舎コメント』によって〝逃げの執着度〟が分かるときがある。もし、厩舎コメントで、陣営が「逃げる」と断言しているなら、（結果はどうあれ）騎手は逃げを試みるだろう。

逆に、「控えても大丈夫」「折り合い重視」「ハナにはこだわらない」などのコメントを発している場合は危ない。中には、「今回は2番手以降で」などと、ハッキリ〝逃げない宣言〟をしている場合もある。逃げ馬を狙う場合は、念のため、厩舎の談話（他陣営も含めて）にジックリ耳を傾けるべきだ。

手応えの良かった逃げ馬は買いか?

私は、レース内容に関しては『4角の手応えと反応』を重視している。だが、逃げ馬の場合、たいてい4角の手応えは良い。なぜなら、自ら流れを作り出しているので、勝負どころで動く必要がないからだ。したがって、〝見せかけの手応え〟は良い。見せかけの手応えは良いが、（仕掛けを遅らせて溜めているだけなので）逃げて4角の手応えが良かった馬を買っても、案外のときが多い。逃げ馬には〝逃げ馬特有〟の評価ポイントが存在する。

気分を害した逃げだったか

まず、注目はスタートだ。逃げ馬の場合、いかに『単騎で気分よく行けるか』が、何よりも重要になる。単騎で行き切ることさえできれば、少々のハイペースでも逃げ残ることが可能だ。※ここでいう単騎とは、『後続に1馬身以上の差をつけた逃げ』を指す。

だが、これが、ハナを切れなかったり、併走逃げ（2番手の馬と隣り合わせ）の形だと辛くなる。自分の形に持ち込めなかったことで、集中力の糸がプツンと切れてしまうからだ。

もし、ガリガリと競られた上に、ハナを切れなかったら最悪だ。この場合、大敗もやむなしで、直線での逆噴射も覚悟せねばならない（裏を返せば、このような大敗を喫しても、巻き返す可能性があるということ）。

ハクサンムーンの逃走劇

ハクサンムーンという逃げ馬がいた。同馬は重賞で3勝をあげ、G1でも、スプリンターズS2着、高松宮記念2着と活躍した逃げ馬である。

このハクサンムーンにとって、初の重賞制覇となったのが'12年の京阪杯。今でこそ、重賞級の逃げ馬として認知されているが、当時のハクサンムーンは、10番人気（34・1倍）という超人気薄に甘んじていた。その主因は、前走のオープン特別で15着に大敗したことだったのだが…。この15着に、次走で激走する〝ヒント〟が隠されていた。ここで、ハクサンムーンが15着に敗れたオープン特別（京洛S）を振り返ってみよう。

《ゲートが開くと、ハクサンムーンは迷わずハナを獲りにいった。だが、外から2番手のトシキャンディが執拗に競りかけてくる。一歩も引く気配を見せない。ハクサンムーンも負けじと譲らない構え。2頭が競り合う形となり、後続との差は広がる一方。その差は『5馬身』。4角を回っても2頭が併走する形が続き…結

局、最後は2頭ともバッタリ止まってしまった。》

以上がハクサンムーンが激走する1つ前のレース、(15着に大敗した)京洛Sの詳細なレース内容だ。お分りだろう。ハクサンムーンは決してスンナリと逃げられた訳ではない。2番手の馬にストーカーのように絡まれ、厳しい展開を強いられている。この大敗により次走の京阪杯では10番人気まで人気を落とした訳だ。

だが、(15着に大敗した1つ前の)2走前には、準オープンを快勝。4走前にはG3アイビスサマーダッシュで4着に入線している。5走前には1000万条件で『5馬身差の圧勝』。前走さえ目をつむれば、決して悪い成績ではなかったのだ。

このように、逃げ馬は、ハナを切れなかったり、併走逃げの形になると、(力を発揮できずに)いとも簡単に大敗を喫することがある。そして、次走以降、単騎逃げが叶ったときに、アッと言わせる逃走劇をみせるのである。

4角で早めにつつかれる

逃げ馬を評価する際、もう1つ注目すべき箇所がある。それは『4角』だ。

・4角でリードを保った逃げ馬は『有利』
・4角で早めに並びかけられた逃げ馬は『不利』

逃げ馬は、4角で早めに並びかけられると、プレッシャーがキツくなり、嫌気を差しやすい。逃げ馬は、いかにプレッシャーなくマイペースで走れるかが重要なので、早めにつつかれると厳しくなるのだ。このような馬は、仮に凡走したとしても、次走で巻き返すことが多い。

以上が、逃げ馬のポイントである。逃げは特殊な脚質だけに、特殊な見方が必要なのである。

ハクサンムーン　12年京洛S 15着
（次走：京阪杯　10人気1着）

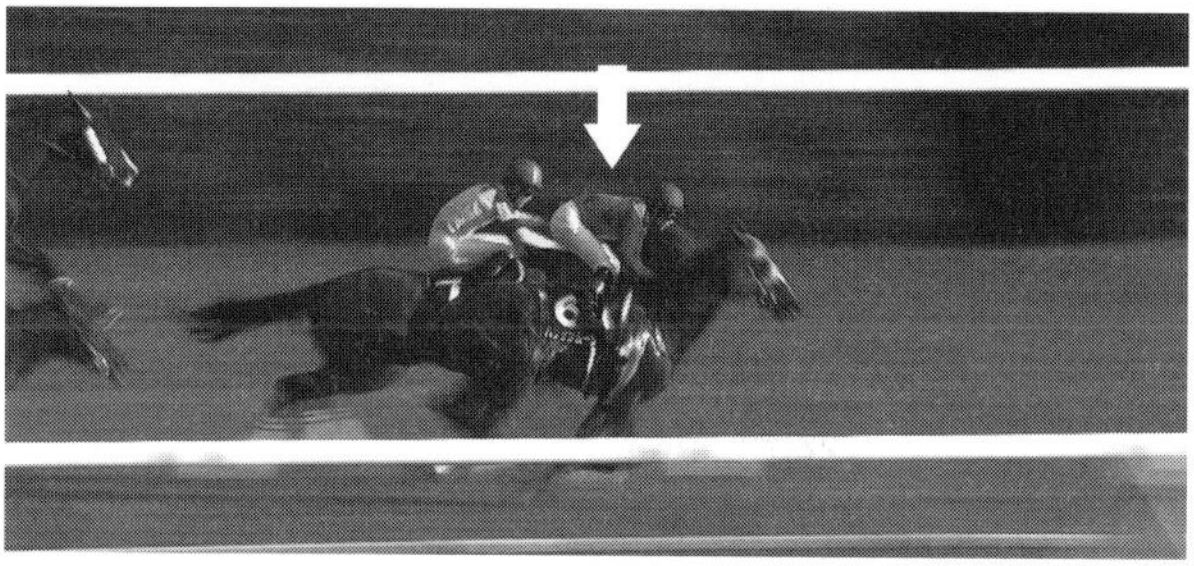

スタート直後から競る

4角で2頭が後続を大きく引き離す

直線失速

競馬で長期的に勝つための
馬券師バイブル

chapter 3

重賞レース攻略編

chapter 3 重賞レース攻略編

重賞レースは適性を重視

能力に大きな差はない

『適性』は重要なファクターだ。なぜなら、（細かくクラス分けされたＪＲＡのクラス形態において）各馬の能力は〝どんぐりの背比べ〟。よほど抜けた馬でない限り、能力に大きな差はないからだ。能力に差がないのであれば、適性の有無によって着順が左右されることになる。

競馬はわずか〝コンマ数秒の世界〟。１０００ｍや２０００ｍも走って、最終的な着差は０・1秒や０・２秒などの僅差で決着する。０・０秒＝タイム差ナシの決着も珍しくない（たとえば、99年の有馬記念で、１着グラスワンダーと2着スペシャルウィークとの差はわずかに『4センチ』だった）。つまり、各馬の能力は紙一重であり、些細なことで着順は入れ替わる。そうなると、最後は能力でない部分、『適性の有無』が（着順に対して）大きな影響力を持つようになる訳だ。

適性は重賞レースで重みが増す

コース形態はさまざま。馬も1頭1頭それぞれ個性があって、千差万別だ。馬によって得手・不得手な条件があって当然である。ただ、この適性は、『クラス』によって重みが違う。

重賞＞下級条件

適性は、重賞レースで重みが増す。もちろん、下級条件でも適性は重要だ。だが、重賞レースほどの重みはない。なぜなら、下級条件では、デキや能力、位置取り（前に行けるか）が、大きなウエイトを占めるからだ。適性は二の次。強い馬や、デキのよい馬が、いかに〝先行できるか〟がポイントになる。

一方、重賞レースは、高い次元で能力が試される舞台。（重賞まで這い上がってきた馬達が、一堂に会するだけあって）腕に覚えのある猛者揃いだ。どの馬も能力は高く、（賞金の額が額だけに）各馬の仕上がりも、おおむね良好。無論、前に行ければ勝てるというほど甘くはない。

そんな高次元の勝負で、一番の決め手となるのが『適性』だ。高次元のギリギリのせめぎ合いで、最後の最後にモノを言うのは『適性』なのである。したがって、重賞レースでは『適性』に軸足をおいて予想すべきだ。※ただし、2歳～3歳春ぐらいまでは、『素質』と『適性』の両にらみで予想する。若い時期は、素質の高さが適性を凌駕することも多いからだ。

私の場合、まずは適性の向く（であろう）馬をピックアップ、その中からレース内容等でフルイをかけ、本命馬を選定している。

適性とは

そもそも、適性とは何なのか？　適性の具体的な内訳は『コース』、『距離』、『レース質（タフor瞬発）』の3つ。

■コース

直線が長い⬍短い　右回り⬍左回り

急坂⬍平坦　小回り⬍大回り

■距離

短・中・長

■レース質

瞬発戦⬍消耗戦

コース適性

コース適性とは、文字通り、そのコースに対する適性のことである。中山コースが得意なのか、それとも、東京コースが得意なのか。その競馬場における相性のことである。

まず、一番重要なのが、対象レースと〝まったく同じコースの実績〟＝『当該コース実績』だ。

■当該コース実績とは?

たとえば、対象レースが、東京芝2000mだとしよう。この場合、ずばり『東京芝2000mの成績』が当該コース実績となる。

まずは、この当該コース実績に注目する。なぜなら、まったく同じコース(競馬場)、同じ距離だから。コースと距離、両方の適性を示す〝ストレートな実績〟なので、結果に直結しやすい。

重賞レースはリピーターを狙え

とくに重賞レースでは、当該コース実績が強力なファクターになる。とりわけ強力なのが『リピーター』だ。

重賞レースでは、毎年のように〝リピーター〟が穴を演出。過去に、同じレースで好走したことのあるリピーターが、再度、好走するケースが目立つのだ。

リピート好走例① ストレイトガール

ストレイトガールは、G1・ヴィクトリマイルを2度に渡ってリピート激走した。同馬は、まず'14年のヴィクトリアマイルで人気以上に走った(6番人気3着)。そして、翌年のヴィクトリマイルで優勝(5番人気1着)。さらに、その翌年も優勝(7番人気1着)し、連覇をはたしている。

'15年が、休み明けで『13着』→叩いた本番で『1着』。'16年が、休み明けで『9着』→叩いた本番で『1着』。この着順の推移をみると、陣営は初めからヴィクトリアマイルに照準を合わせていたことが窺える。目標のレースから逆算して調整し、前哨戦は、あくまで本番に向けての〝たたき台〟という位置付けだったと推測できるのだ。

リピート好走例② ヴィルシーナ

このヴィルシーナはもっと強烈だ。まず、'13年のヴィクトリアマイルで1番人気1着。初のG1勝利を飾った。ところが、その後は〝鳴かず飛ばず〟の成績。堅実駆けが売りだった同馬が、6戦連続で掲示板を外し、極度の大不振に陥っていた。

それが、(リピート参戦となった)'14年のヴィクトリアマイルで、いきなり1着に返り咲き。11番人気の低評価を覆し、連覇を達成。ずっと不振だったはずの同馬が、出し抜けに復活したのである。

このように、(過去、同じレースで好走したことがある)リピーターの〝リピート好走〟は枚挙にいとまがない。仮に、近走の内容がひと息だったとしても、ヒモには加えておいた方が無難だろう。

ストレイトガールの戦績
(14.5.18〜16.5.15)

日付	レース名	人気	着順	距離
14.5.18	ヴィクトリアM	6	3	芝1600
14.6.22	函館スプリントS	1	11	芝1200
14.10.5	スプリンターズS	2	2	芝1200
14.12.14	香港スプリント	—	3	芝1200
15.3.29	高松宮記念	1	13	芝1200
15.5.17	ヴィクトリアM	5	1	芝1600
15.9.13	セントウルS	3	4	芝1200
15.10.4	スプリンターズS	1	1	芝1200
15.12.13	香港スプリント	—	9	芝1200
16.4.9	阪神牝馬S	3	9	芝1600
16.5.15	ヴィクトリアM	7	1	芝1600

リピーターが穴をあける理由

なぜ、リピーターが穴を開けやすいのか？　これは少し考えてみれば分かる。コースと距離が得意なのは論をまたないが、『季節』も合致。夏に強い馬、冬に強い馬と、馬によって、それぞれ走りやすい季節があるが、リピーターは(施行時期が変わらない限り)同

ヴィルシーナの戦績
(13.5.12〜14.5.18)

日付	レース名	人気	着順	距離
13.5.12	ヴィクトリアM	1	1	芝1600
13.6.2	安田記念	7	8	芝1600
13.10.6	京都大賞典	3	8	芝2400
13.11.10	エリザベス女王杯	1	10	芝2200
13.11.24	ジャパンカップ	9	7	芝2400
14.2.17	東京新聞杯	9	11	芝1600
14.4.12	阪神牝馬S	5	11	芝1400
14.5.18	ヴィクトリアM	11	1	芝1600

■リピート好走例一覧

レース名	馬名	同レース実績	結果
17京阪杯	ネロ	2人気1着(前年)	9人気1着
17ジャパンカップ	シュヴァルグラン	6人気3着(前年)	5人気1着
17安田記念	ロゴタイプ	8人気1着(前年)	8人気2着
17プロキオンS	キングズガード	2人気3着(前年)	5人気1着
17京都記念	サトノクラウン	6人気1着(前年)	3人気1着
17シルクロードS	ダンスディレクター	2人気1着(前年)	3人気1着
16チャンピオンズC	サウンドトゥルー	5人気3着(前年)	6人気1着
16小倉記念	クランモンタナ	8人気4着(前年)	11人気1着
16ヴィクトリアマイル	ストレイトガール	5人気1着(前年)	7人気1着
16新潟大賞典	パッションダンス	6人気1着(3年前)	10人気1着
15ヴィクトリアマイル	ストレイトガール	6人気3着(前年)	5人気1着
15チャンピオンズC	サンビスタ	15人気4着(前年)	12人気1着
14マイルCS	ダノンシャーク	1人気3着(前年)	8人気1着
14安田記念	グランプリボス	13人気2着(2年前)	16人気2着
14ヴィクトリアマイル	ヴィルシーナ	1人気1着(前年)	11人気1着

じ季節で走ることになる。つまり、『コース』、『距離』、『季節』。これら3つの適性を同時に満たすため、リピーター狙いは有効なのである。

さらに重賞レースでは、陣営がそのレースに照準を合わせてくることが多い。(過去に好走しており)適性が向くと分かっている訳だから、陣営としては当然、狙ってくる。目標のレースから逆算してローテを組み、ちょうどピークを迎えるよう、しっかり調整してくる訳だ。仕上がりもよく、適性も高いとなれば、いやがおうでも好走率は高くなる。

コース実績をみる

当該コースのレース内容を確認する

適性を探る際、コース実績をそのまま鵜呑みにするのではダメだ。コース実績の『レース内容』や『時計』『メンバーレベル』等をきちんと精査すべきである。たとえば、コース実績が優秀でも、それが下級条件ばかりでは心もとない。重賞レースで下級条件時代の実績を持ち出されても、あまり参考にはならないだろう。

他にも、（展開などに）恵まれただけ、というケースもある。たとえば、当コースで1戦1勝の馬がいたとする。その1勝が、もし『超スローの逃げ切り勝ち』だとしたら、どうだろう？　とても強気にはなれないはずだ。その1勝は展開に恵まれたものであり、これだけで適性どうこうを判断することはできない。

逆に、当コース実績はイマイチでも、内容を精査した結果、評価できるケースもある。強いメンバー相手に健闘していたり、不向きな展開で踏ん張っていたり。これは（数字を眺めるだけでなく）実際にレースVTRを直接、目でみて確認した方がいいだろう。

コース実績は、レース数を積み重ねているほど信頼できる。つまり、そのコースで何回も走っているのに好走率が高い馬は買える。たとえば、そのコースで8回走って8回とも馬券内なら、明らかにコース巧者と言えるだろう。逆に、1戦1勝というケースは、まだ1回しか走っていないので、コース巧者かどうかは分からない。

内回り向き or 外回り向き

当該コース実績を確認したら、次は『コース全体の実績』を確認する。コース全体の実績とは、『距離の違い』は、あまり考慮しないコース実績のこと。たとえば、東京芝コースなら、東京芝コース全部の実績、となる。※ただし、距離が、あまりにも違い過ぎる場合は除外する。

たとえば、今回の条件が東京芝２０００ｍなら、東京芝１８００ｍや、東京芝２４００ｍの実績も確認した方がよい、ということだ。

注意点としては『内回り』と『外回り』の違いだ。内回りと外回りは、まったくの別物。両者はまず『直線の距離』が大きく異なる。内回りの方が直線が短く、外回りの方が直線が長い。たとえば、新潟芝コースの場合、内回りと外回りでは直線の距離が３００ｍも違う。

内回り…359m　外回り…659m

同じコースとは言え、これだけ直線距離が異なれば、求められる適性は丸っきり変わってくるだろう。（具体的なレース名で言えば）たとえば、京都の秋華賞（内回り）とエリザベス女王杯（外回り）。この両レースは、同じ京都コースでも、レースの質は大きく異なる。秋華賞は内回りで、〝小回りコース的な適性〟、すなわち、器用さ・機動力・持続力などが求められる。

一方、外回りのエリザベス女王杯は、〝末脚の破壊力〟がモノを言う。内回りと外回りを区別せず『コース適性』として一括りにすると、適性診断を誤ることになる。

■内回りコース

直線が短く、ほぼ『小回りコースと同義』と考えてＯＫ。ローカルの小回りコースに実績のある馬、器用さのある馬がよく走る。（３コーナー付近から早めにペースアップするため）上がりのかかる持続力勝負になりやすい。例：阪神芝２０００ｍ、阪神芝２２００ｍ

■外回りコース

内回りコースを延長して設けられたのが外回りコース。外回りコースは、直線が長く、『末脚』の重要度が高くなる。直線の長いコースで実績のある馬、瞬発力に長けた馬がよい。例：阪神芝１８００ｍ、京都芝２４００ｍ

内回り向きの馬は、コーナーワークがうまく、４角でグーンときて、勢いそのままに直線へ向かうことができる。マクる機動力があり、軽く仕掛けただけでスッと動ける。一方、外回り向きの馬は不器用な反面、一度エンジンが点火すると、カンタンには止まらない。速い脚を爆発的に繰り出すことができる。

内回りと外回りが存在するのは『阪神・京都・中山・新潟』の芝コース。※ただし、中山の場合、内回りと外回りの違いは、さほど考慮しなくてOK。両者の直線距離は等しいからだ。

コース実績を確認するときには、内回りと外回りの違いには気を付けたい。

類似コース

コースは違えど、似たコース（＝類似コース）というものが存在する。たとえば、東京芝コースと新潟芝コース（外回り）は、同じ『左回り＋直線の長いコース』だ。

他にも、函館芝コースと札幌芝コースは『洋芝＋直線が短い』という部分では共通している。（夏の）小倉芝コースと新潟芝コース（内回り）は、同じ『野芝１００％＋小回り』。阪神芝コース（内回り）と中山芝コースは『急坂＋直線が短い』。

ピンポイントで例をあげるなら、東京ダート１６００ｍと中京ダート１４００ｍは、ともに『芝スタート＋左回り＋直線の長い』ダートコースだ。

このように、コースは違うが、似たコース（＝類似コース）が存在する。この類似コースをチェックすることで、より的確にコース適性を把握することができる。※これは何も、難しく考える必要はない。以下の２点を意識するといい。

・直線が長い ⬍ 直線が短い（小回り・内回り）
・急坂コース ⬍ 平坦コース

とくに重要なのが『直線の長さ』だ。直線の長さで、その馬の好・凡走を分類すると特性がよくみえてくる。『小回り向き』なのか、それとも、『広いコース向き』なのかを意識するといい。

よく「有馬記念と宝塚記念は連動しやすい」という話を聞く。宝塚記念で好走した馬は、有馬記念でも好走しやすいというのだ。これは、宝塚記念の阪神芝2200mと、有馬記念の中山芝2500mが似通った性質のコース形態だからだろう。どちらも、『小回り＋急坂＋荒れ馬場』というタフになりやすいコース。つまり類似コースなのである。

ドリームジャーニーは、'09年の宝塚記念と有馬記念を勝利。他にも、阪神芝2000mの大阪杯と朝日チャレンジカップで1着。（成績がリンクしやすい）類似コースで何度も好走を繰り返していた。

内枠なら、内回りタイプを外回りで買える

外回りコースで、内回り向きの馬が出走してきたら全て消しか？　というと、そうでもない。『内枠』を引いたときは買いとなるケースがある。内回り向きの馬は、器用さはある反面、速い脚を使い続けることができない。だが、内枠ならば、インを器用に立ち回って脚を温存し、最後に馬群から抜け出す競馬が可能となる。最短距離をロスなく走れる分、（内回り向きでも）外回りの長い直線を克服できることが多いのだ。

逆に、外回り向きの馬が、内回りコースへ出走してきても、『外枠』なら買いとなるケースがある。外枠なら、内でゴチャゴチャせずに済むので、（器用さのない）外回り向きの馬でも、スムーズに走ることができるからだ。また、長く脚を使えるので、外を回っても大して不利にはならず、自慢の末脚を存分に発揮することができる。

ドリームジャーニーの戦績
（09.3.1～09.12.27）

日付	レース名	人気	着順	距離
09.3.1	中山記念	4	2	中山芝1800
09.4.5	産経大阪杯	3	1	阪神芝2000
09.5.3	天皇賞・春	5	3	京都芝3200
09.6.28	宝塚記念	2	1	阪神芝2200
09.9.27	オールカマー	1	2	中山芝2200
09.11.1	天皇賞・秋	4	6	東京芝2000
09.12.27	有馬記念	2	1	中山芝2500

中山向きか、東京向きかを意識する

苦手コースから適性を読む

適性を判断する際、普通は、その馬の得意なコースをチェックすると思う。だが、逆に『苦手なコース』をチェックすることで得意コースが浮き彫りになることがある。たとえば、中山コースが得意な馬は、東京コースが苦手ということがよくある。これは、東京コースと中山コースでは、求められる適性が大きく異なるからだ。（東京も中山も）両方とも得意な馬は滅多におらず、片方が得意ならば、もう片方は苦手であることが多い。

■中山コース…直線が短く、最後に急坂あり。持続力とパワーが要求される。 ※中山コース寄り…中山、阪神（内回り）、福島など

■東京コース…直線が長く、坂はなだらか。瞬発力、末脚比べ。 ※東京コース寄り…東京、京都（外回り）、新潟（外回り）など

東京コースは（コースの形態上）『瞬発戦』になりやすい。一方、中山コースは『消耗戦』になりやすい。『瞬発戦』と『消耗戦』は正反対のレース質だ。したがって、東京コースが得意な馬は、中山コースが苦手な傾向にあり、その逆もまた然りである。これは、磁石のプラス極とマイナス極のようなモノ。お互いに相容れない性質だ。ある適性に特化した馬ほど、その真逆の条件ではモロい傾向にある。

この『苦手の裏返しは得意』という性質を利用すれば、コース適性をより的確に把握することができるのだ。

たとえば、中山コースに実績のある馬がいたとしよう。この馬は本当に中山コースが得意なのか？　を知りたければ、（中山コースとあわせて）東京コースの

実績もチェックするといい。（中山コースの成績がよく）東京コースの成績がサッパリなら、その馬は『中山巧者』と自信を持てる。例：マツリダゴッホ、ツクバアズマオー、ドリームジャーニー

逆に、東京コースに実績のある馬が、中山コースでサッパリなら『東京巧者』とみて、まず間違いないだろう。例：ウオッカ、ジャングルポケット、クラレント

サンプル① ウオッカ（東京巧者）

東京コースは【6－3－2－1】と、ほぼパーフェクトな成績。着外の一戦もジャパンカップの4着。日本ダービー優勝を皮切りに、G1レースで6勝と、東京コースでは無類の強さを誇った。一方、中山コースや、内回りコースではパッとしない成績。宝塚記念8着（1番人気）、有馬記念11着大敗（3番人気）と人気を裏切っている。東京コースではあれだけ強かったのに、小回り、内回りになると別馬のように振るわなかった。

サンプル② ツクバアズマオー（中山巧者）

中山コースで5勝（中山金杯1着、オールカマー3着など）。中山コース以外では、（函館コースの）函館記念3着、巴賞3着の実績。明らかに〝小回りコース〟に実績が集中している。そして、東京コースでは3回走って3回とも馬券圏外。小回りコースでは滅法強いのに（直線の長い）東京コースでは、てんでダメだった。生粋の〝小回り巧者〟（中山巧者）と言えるだろう。東京コースでの不振ぶりが、中山巧者の地位を確固たるものにしているのである。

サンプル③ マツリダゴッホ（中山巧者）

中山コース【8－1－1－3】。東京コース【0－0－0－4】。中山と東京では両極端な成績。有馬記念1着、オールカマー3連覇など『中山の鬼』と形容できるほど、中山コースでは向かうところ敵なしだった。ところが、東京コースや京都コースではイマイチの成績。中山コースへ偏向した能力の持ち主だけに、

他コースでは持ち味が生きなかったのである。

※このマツリダゴッホのように、中山巧者は中山コースでとことん走る。中山のように〝アクの強いコース〟では、とくにコース巧者が走りやすい。特徴のあるコースほどコース適性がモノを言うのである。

血統の扱い方

血統で瞬発戦タイプor消耗戦タイプを判別する

血統を、どのよう活用すべきか？　以下のような活用法が一般的だろう。

・現在の『馬場』にマッチした血統を買う
・(過去の同じレースで)よく走った血統を買う
・『距離適性』の見極めなど

私の場合、その馬が『瞬発戦タイプ　or　消耗戦タイプ』のどちらに該当するか、この見極めに血統を活用している。私は、これまで散々「東京向きか、中山向きかを意識しろ」、「瞬発戦タイプと消耗戦タイプを意識しろ」と、馬のタイプ分けの重要性について述べてきた。瞬発戦タイプと消耗戦タイプのどちらに属するのか。高速馬場に向いているのか、それともタフな馬場に向いているのか。こういった(軽・重の)タイプ分けを意識するだけで、予想の精度は飛躍的に向上する。　馬のタイプは、その馬の過去の戦歴をみれば、大方は掴める。だが、これに血統が加わると、より高い精度で馬のタイプ判定が可能になるのだ。血統と戦歴。両方の角度からみることで、馬の、より深い本質部分に接近することになる。

父・血統タイプ分け

瞬発	ディープインパクト	アドマイヤムーン
やや瞬発	キングカメハメハ	フジキセキ
中間	マンハッタンカフェ	ハーツクライ
やや消耗	ダイワメジャー	ステイゴールド
消耗	ハービンジャー	ネオユニヴァース

母父系統タイプ分け

軽い系統	ストームバード系 サンデーサイレンス系	プリンスリーギフト系
タフな系統	サドラーズウェルズ系 リボー系	ロベルト系 ドイツ血統

血統によるタイプ判別法

たとえば、過去に『(レース全体の) 上がり3ハロンが33秒台』の瞬発戦で、何度も好走した馬がいたとしよう。この馬の父がディープインパクトで、母父がスピード血統 (ストームキャットやフレンチデピュティ等)なら、ほぼ『瞬発戦タイプ』とみて間違いない。

例：マカヒキ、キズナ、サトノアラジン

逆に、『(レース全体の) 上がり3ハロンが36秒台』の消耗戦で何度も好走していて、血統もタフなら『消耗戦タイプ』と判別できる。たとえば、父がステイゴールドで、母父がメジロマックイーンのゴールドシップはハッキリ、タフな消耗戦向きのタイプとわかる。
※父ステイゴールドは現役時代に距離2400m以上の重賞を4勝。母父のメジロマックイーンは父子3代にわたって天皇賞を制したスタミナの塊。〝最強のステイヤー〟と称された長距離砲である。

他にも、父がグラスワンダーで母父がトニービンのアーネストリーも、タフ向きな馬とわかる。※父グラスワンダーは2500mのタフな有馬記念を連覇した馬。母父トニービンは凱旋門賞馬で、持久力に秀でたタイプ。

母父

（父だけでなく）『母父』も重要だ。影響力は、母父の方が上と思えるほど。（父となる）種牡馬は、たいてい豊富なスピードと瞬発力を備えている。したがって、スタミナや持久力の有無は、母父に左右されることが多い。（同じ種牡馬でも）母父によって、タフ向きなのか、軽い質向きなのかが、変化するのである。

たとえば、父がディープインパクトで、母父がブライアンズタイムのディーマジェスティは、タフ向きな馬である。※母父ブライアンズタイムはロベルト系でスタミナ志向の強い種牡馬。

父がディープインパクトで母父がエルコンドルパサーのマリアライトもタフ向きである。※母父エルコンドルパサーはサドラーズウェルズの血を持ち、タフな凱旋門賞で2着。

父がディープインパクトで母父がベルトリーニのジェンティルドンナは瞬発型だ。※母父ベルトリーニはダンチヒ系で、アメリカ産の短距離馬。

父がスウェプトオーヴァーボードで、母父がサンデーサイレンスのレッドファルクスは瞬発型。※母父サンデーサイレンスはアメリカの二冠馬で、極上の切れ味を有する言わずと知れた大種牡馬。

このように、同じ父でも、母父によって馬のタイプはガラリと変化する。母父に重厚なスタミナ血統（主に欧州産系）が入ると、タフなタイプに出やすい。一方、母父に軽快なスピード血統（主にアメリカ産系）が入ると、瞬発型に出やすい傾向にある。

代表産駒をみる

種牡馬のタイプを知るには、その種牡馬の『代表産駒』を数頭みるといい。代表産駒には、その種牡馬の特性がよく表れている。なぜなら、その種牡馬の特徴、強みを最大限に引き出せたからこそ、代表産駒になりえたからである。その種牡馬の産駒の中から、重賞クラスまで上り詰めた馬を数頭みることで、大まかな（種牡馬の）イメージはつかめるはずだ。

ただ、基本的に、馬のタイプ判定は血統オンリーでは行わない。※同じ血統でも、父方からの血が色濃いのか、母方からの血が色濃いのかによって馬のタイプが変わってくるため。

レースを検討する上では、血統、戦歴の両方から判断した方が確実だ。

レース質とマッチした馬を買う

レース質を意識する

重賞レースを予想する際、最も意識しなければならないのは『レース質』だ。このレース質を読み間違うと、まったく的外れな予想となり、カスリもしない。逆に、レース質をピタリと読み当て、そのレース質にマッチする馬を買うことができれば、的中に限りなく近づく。

レース質とは

タフな『消耗戦』なのか、それとも、軽い『瞬発戦』なのか（もしくは、その中間なのか）という〝タフさの度合い〟のこと。

たとえば、瞬発戦のレースで『タフ向きの馬』を買ったら、〝切れ負け〟して終わりだろう。逆に、消耗戦のレースで『切れタイプの馬』を買ったら、ガス欠を起こして、それまでだ。

必ず予想を始める前に、レース質の見当をつけて

瞬発戦、消耗戦の大まかな目安
（レース全体の上がり3ハロン）

芝

□瞬発戦	〜34.4秒
■消耗戦	35.7秒〜

＊新潟（外）は33.7秒

ダート（短距離）

□瞬発戦	〜35.9秒
■消耗戦	37.3秒〜

ダート（中距離以上）

□瞬発戦	〜36.4秒
■消耗戦	37.8秒〜

おく必要がある。完全に読みきれなくても、『瞬発戦』『消耗戦』のうち、どちら寄りになるのかを必ず意識しなくてはならない。

過去のレース質を調べる

このレース質の見当をつけるには、下調べを行う必要がある。※下調べ＝過去数年の同じレースを調べて、傾向を把握する。 チェックする項目は、『レース全体の上がり3ハロン』だ。

（以前、述べたように）レース質を判断するには『レース全体の上がり3ハロン』をみるのが一番手っ取り早い。レースによって、瞬発戦になりやすいレースと、消耗戦になりやすいレースが存在するが、その傾向を掴むために、過去の上がり3ハロンをチェックするのである。

たとえば、宝塚記念は（タフな）『消耗戦』になりやすいレースだ。過去5年（13年〜17年）の宝塚記念を確認すると、（レース全体の）上がり3ハロンは、全て『35秒台』以上。34秒台以下はナシ。※過去10

年まで遡っても同様。　したがって、宝塚記念は『タフな消耗戦』になりやすいレースと判断できる。

他方で、ヴィクトリアマイルは『瞬発戦』になりやすいレースだ。過去5年のヴィクトリアマイルを確認すると、レース全体の上がり3ハロンは、5レース中4レースが『34・5秒未満』。上がり3ハロンの平均は『34・3秒』。ハッキリ瞬発戦になりやすいレースだと分かる。

調べ方

上がり3ハロン等のデータは、どうやって調べるのか？　私の場合、（競馬ポータルサイトの）『netkeiba.com』を活用している。netkeiba.comのホームページに『データベース』というページがあり、このページから過去のレース一覧を調べることができる。例として、宝塚記念をみていく。

まず、Yahoo!などの検索エンジンに『レース名（今回の場合なら宝塚記念）　検索結果』と打ち込む。※宝塚記念なら『宝塚記念　検索結果』と打つ。すると、

netkeiba.comで見れるデータ

レース名	映像	距離	頭数	馬場	タイム	ペース
宝塚記念(G1)		芝2200	11	稍	2:11.4	35.2-35.7
宝塚記念(G1)		芝2200	17	稍	2:12.8	34.7-36.8
宝塚記念(G1)		芝2200	16	良	2:14.4	36.0-35.0
宝塚記念(G1)		芝2200	12	良	2:13.9	36.4-35.6
宝塚記念(G1)		芝2200	11	良	2:13.2	34.7-38.0

2016年 6月26日(日)　3回阪神8日　天候：晴　馬場状態：稍重

【11R】　第57回宝塚記念

3歳以上・オープン・G1(定量)　(国際)(指定)　芝・内 2200m　17頭立

	馬名	性齢	斤量	騎手	タイム	着差	通過順位	上3F	人気
1	8⑯マリアライト	牝5	56	蛯名正義	2.12.8		11-11-10-06	36.3	8
2	5⑨ドゥラメンテ	牡4	58	M.デム	2.12.8	クビ	13-13-10-09	36.1	1
3	2③キタサンブラック	牡4	58	武豊	2.12.8	ハナ	01-01-01-01	36.8	2
4	4⑦ラブリーデイ	牡6	58	ルメール	2.13.0	1 1/4	07-08-05-03	36.7	4
5	4⑧ステファノス	牡5	58	戸崎圭太	2.13.4	2 1/2	09-10-10-06	36.9	7

LAP／12.6-11.0-11.1-12.3-12.1-12.4-12.3-12.2-11.9-12.2-12.7
通過／34.7-47.0-59.1　上り／36.8

宝塚記念はタフになりやすいレース。勝ったマリアライトは、過去に上がりのかかるタフなレースで実績を残していた。

2016年12月 4日(日)　4回中京2日　天候：曇　馬場状態：良

【11R】　第17回チャンピオンズカップ

3歳以上・オープン・G1(定量)　(国際)(指定)　ダート 1800m　15頭立

	馬名	性齢	斤量	騎手	タイム	着差	通過順位	上3F	人気
1	5⑧サウンドトゥルー	セ6	57	大野拓弥	1.50.1		14-14-14-13	35.8	6
2	2②アウォーディー	牡6	57	武豊	1.50.1	クビ	06-06-06-05	37.0	1
3	3④アスカノロマン	牡5	57	和田竜二	1.50.2	1/2	02-02-03-02	37.4	10
4	1①カフジテイク	牡4	57	津村明秀	1.50.3	クビ	15-15-14-15	36.0	11
5	8⑭アポロケンタッキー	牡4	57	松若風馬	1.50.5	1 1/4	10-10-10-11	36.9	7

LAP／12.7-10.7-12.9-12.5-11.8-11.8-12.4-12.3-13.0
通過／36.3-48.8-60.6　上り／37.7

タフになりやすい中京ダートのチャンピオンズC。勝ったのはタフな消耗戦に強いサウンドトゥルーだった。

検索結果の上位に、netkeiba.comのページ（データベースのページ）が表示される。このデータベースのページから、過去の傾向を調べることができる。

同ページに『ペース』という欄があり、このペース欄をみることで、レース質（瞬発戦・消耗戦）の傾向を把握することができるのだ。

たとえば、'17年宝塚記念のペースを確認すると、『35・2 ― 35・7』となっている。これは、全体のペースが、●前半3ハロン…35・2秒、●後半3ハロン…35・7秒だったことを示している。この場合だと、前半が35・2秒という速めのペースで進み、後半は35・7秒と失速気味になっていることが分かる。つまり、消耗戦だ。

上がり3ハロンでレース質を判断する

私が参考にするのは『(レース全体の）上がり3ハロン』の数字だ。（過去5年の）宝塚記念におけるレース全体の上がり3ハロンは、［35・7秒－36・8秒－35・0秒－35・6秒－38・0秒］となっている。※13年～17年までの5年間 平均は『36・2秒』である。

これは『消耗戦』に該当する。なぜなら、35秒台後半よりもかかっているからだ。したがって、宝塚記念は『タフな消耗戦になりやすいレース』と判断できる。（消耗戦になりやすいレースなので）「消耗戦向きの（タフな）タイプの馬を狙う必要があるな」と戦略の方向性が決まる。※推定の勝ちタイムはこのくらい、上がりタイムはこのくらい、といった具体的な数字の予測を事前に立てておくのも有効だ。

大逃げの馬がいたとき

注意点としては、『大逃げ』の馬がいた場合だ。大逃げの馬がいると、全体の上がり3ハロンは（実態よりも）かかってみえる。なぜなら、大逃げを打ってバテた馬の数値が、全体の上がり3ハロンの数値を押し上げてしまう（遅くする）からだ。

全体の上がり3ハロンは、逃げ馬がラスト3ハロン（＝残り600m）を通過した地点から計測がスタートする。したがって、1頭だけ後続を離した大逃げの馬がいると、実態よりも、全体の上がりが要したように見えるのだ。

大逃げの馬に惑わされないためには、（全体の上がり3ハロンだけでなく）『馬自身の上がり3ハロン』もチェックするといい。馬自身の上がり3ハロンは一様に速いのに、全体の上がり3ハロンだけが遅い場合は、大逃げの馬によって、全体の上がり3ハロンの数値が引き上げられた可能性が高い。その場合、（全体の上がり3ハロンはかかっていても）実質的には瞬発戦である。

ペースや馬場でレース質は変わる

この（瞬発戦か消耗戦かという）レース質は、ペースや馬場によっても変化する。いくら（過去の傾向から）瞬発戦になりやすいレースだったとしても、ペースや馬場によっては、傾向が変わることがある。たとえば、当日、雨が降って不良馬場になり、さらにハイペースなら、（本来は瞬発戦になりやすいレースでも）消耗戦の方向へとベクトルが移動するだろう。

逆に、本来は消耗戦になりやすいレースでも、当日がパンパンの高速馬場で、さらにスローペースなら、真逆の瞬発戦へと変化する可能性がある。

【−】瞬発戦へと傾ける要素

スローペース、高速馬場、重馬場（ダート）

【＋】消耗戦へと傾ける要素

ハイペース、荒れ馬場、重馬場（芝）

過去の傾向に、ペースや馬場状態を加味すれば、より高い精度でレースの質を読めるようになるはずだ。

逃げ馬のタイプで消耗戦とわかるケース

逃げ・先行馬が『早めに動くタイプ』なら、消耗戦になりやすい。競走馬の中には、バテないが、切れ味に乏しいタイプの馬がいる。このようなタイプの馬は、早めに動いて、後続に〝なし崩し〟に脚を使わせようとする。すると、ロングスパート戦になり、結果的に上がりのかかる消耗戦となる。

たとえば、マイネルミラノという逃げ馬は、残り1000mから早めに動いて、あえて消耗戦に持ち込むような乗り方をされていた。言わば、〝肉を切って骨を断つ〟戦法だ。このような馬がいる場合には、消耗戦になりやすいことを覚えておくといいだろう。

レース質の重要度は変化する

レース質は、『極端な傾向』のときに重要度がアップする。たとえば、（不良馬場などで）『極端な消耗戦』が想定される場合は、何よりも『消耗戦向きかどうか』が重要になる。コース適性は二の次で、レース質（この場合なら消耗戦向き）が、普段以上に幅をきかせるのである。

一方で、やや消耗戦、やや瞬発戦のように、レース質が、それほど極端でない場合は、レース質の比重は下がる。その代わりに、コース適性やレース内容といった他のファクターの重要度が増す。

このように、レース質の重要度は、いつも同じではなく、場面、場面によって変化するのである。

走法から適性を判断する

走法によって得意・不得意なコースがある

『走法』からも（ある程度）コース適性は読み取れる。

たとえば、小回りコースなら『ピッチ走法』、直線の長いコースなら『ストライド走法』など。これは、「絶対にそう」と言い切れる訳ではないが、大まかな傾向として頭に入れておくといい。※走法は、前肢（前脚）の使い方に注目する。

この走法に関しても、『中山コース向き』か、『東京コース向き』かに大別して考える。この両者は、〝対局〟に位置しており、どちらか一方が得意なら、もう一方は苦手であることが多い。

中山コース向き

・ピッチ走法　・かき込む走法
・頭の高い走法

東京コース向き

・ストライド走法　・頭の低い走法

走法の特徴

■ストライド走法

大トビで、ストライド走法の馬は、のびのびと走れる（東京のような）広いコースや、直線の長いコース向き。反面、一完歩が大きく不器用なので、小回りコースはイマイチ。小回りコースで内枠を引くと、かなり割引だ。

《ストライド走法の馬》

スワーヴリチャード、サトノアラジン

■ピッチ走法

ピッチ走法の馬は、使える脚が短い。直線の長いコースで、末脚勝負だと分が悪い。一方、小脚を使って器用に立ち回れるので、小回りコースは合う。

《ピッチ走法の馬》

ラブリーデイ、エポカドーロ

■頭の高い走法

頭が高いと、ストライドが伸びずにピッチ走法になりやすい。また、（頭の高い走りを続けるうちに）自然と、上半身を使ったパワー型の走りになる。したがって、中山のような『小回り＋急坂』コース向き。荒れ馬場を苦にしないタイプが多い。※これはシャドーロールをつけている馬に頭の高い馬が多い。※これはシャドーロールに頭の高さを矯正する効果があるため（逆説的に、シャドーロール装着馬に頭の高い馬が多い傾向）。

《頭の高い馬》　マツリダゴッホ、ゴールドシップ

■頭の低い走法

頭の位置が低く、低重心の走りの馬は、体全体を使って走れる。したがって、のびのび走れる広いコースや、直線の長いコース向き。急坂は、あまりよくない。急坂がよくない理由は、水平に頭を振り出すので、真っすぐ加速する分にはいいが、急坂を駆け上がるには不都合なフォームだからだ。（平坦コースや、ゆるい坂の）東京や京都がいい。

《頭の低い馬》　カレンブラックヒル、ヴィルシーナ

■手先の軽い走法

手先が軽く、ブランと振り出すような走りの馬は、パワーが無いので急坂コースは不向き。急加速、急減速が苦手。馬群も割れないタイプが多い。惰性で走るため、4コーナーの下りで勢いをつけられる京都コースがベスト。

《手先の軽い走法》　フィエロ、ヴィブロス

■かき込む走法

前肢を高く上げて、かき込む走法は、ダートや、（芝なら）力のいる馬場向き。荒れ馬場や重馬場、洋芝などがいい。

《かき込む走法の馬》　ディープブリランテ、ルミナスウォリアー

馬のフォームは1頭1頭、個性があり、千差万別だ。たとえば、ルージュバックは前肢が開き気味で『不器用な走法』。だから、内で窮屈になるとダメで、馬群がバラける展開や、外を回す形で力を発揮する。

ダノンシャークは首をぐいぐいと使って反応はよいが、短足気味で外を回り過ぎると脚が続かない。※唯一のG1勝ちとなった14年のマイルCSはインをぴったり回る形だった。

こういった各馬の走法を頭に入れておけば、より深い適性診断が可能になるだろう。

（簡易）馬体診断法

馬体からも、（ある程度）馬のタイプは読み取れる。〝外見〟に馬の特性が現れるからだ。人間の場合でも、筋骨隆々のマッチョ体型なら、パワーがあると分かるだろう（たとえば、ボブ・サップ）。細くて華奢な人は、たぶんパワーはない（たとえば、小倉の馬券師T）。馬の場合も、ゴツイ馬体ならパワー型になりやすいし、スラッと細身の馬体なら、俊敏なイメージが湧く。もし、初心者がパッと見で、馬体から適性を判断したいのなら、次の点を意識するといい。

・スマートな馬体➡『東京コース向き』

・野暮ったい馬体➡『中山コース向き』

大雑把だが、この見方で大体のイメージは掴める。

■スマートな馬体（東京コース向き）

三角の首差しに、スラッと細身の美しいサラブレッドの流線型。器用さや、パワーは感じず、素軽い印象を受ける。このようなスマートな馬体の持ち主は、フォームも綺麗。広いコースで堂々末脚勝負が合う。

《スマートな馬体の馬》

ジャスタウェイ、ワグネリアン

■野暮ったい馬体（中山コース向き）

デッかいトモに、ガッシリとした肩のライン。肉厚、骨太。いかにもパワーがありそう。背中と腹の角度は平行に近い。このような野暮ったい馬体の持ち主は、急坂の中山コースや、阪神内回りコースなどが合う。他、ダートや荒れ馬場が得意。（切れ味勝負よりも）消耗戦の方が向く傾向。

《野暮ったい馬体の馬》

ディーマジェスティ、トゥザワールド

これらの馬体や走法は、あくまで『大まかな傾向』であり、例外も数多く存在する。だが、知らないよりは知っておいた方がいい。馬体、走法、血統、戦歴。これらを、総合的にみて適性をジャッジするように。

野暮ったい馬体

スマートな馬体

chapter 4

条件戦 & 馬券テクニック編

chapter 4

条件戦&馬券テクニック編

多くの候補から勝負馬を絞り込め

孫正義流の情報活用術

《「死ぬほど情報を集めて、死ぬほど考え抜いて、死ぬほど選択肢を出して、あらゆる選択肢を網羅して、そのうえで九九・九九%削ぎ落として、絞り込む。（中略）これもやる、あれもやる、みんなやるというのは戦略ではない」》 板垣英憲 著『孫の二乗の法則』より

ソフトバンクグループの創業者・孫正義氏は、情報の扱い方について上記のように述べている。まずは、徹底的にリサーチを行い、大量に情報を収集する。そのうえで、無駄なものをどんどん削ぎ落とし、選択肢を極限まで絞り込む。こうして生き残った〝精鋭部隊〟のアイデアで勝負することが肝要だ、と。ギュッと、多くの中から絞り込むからこそ、最後に残るのはキラリと光る珠だけとなる。

競馬の場合も、とくに条件戦では孫正義流の考えが役立つ。私が条件戦の勝負馬を選定する際も、多くの候補の中から3頭以下にまで絞り込んでいる。手順は、左ページ（上図）のようなイメージだ。※条件戦とは厳密に言うと500万条件～1600万条件のことだが、ここでは、未勝利戦も含める。

おそらく、競馬ファンの大部分は、勝負馬を絞り込めていない。その結果、多くの無駄なレースに手を出し過ぎている。とくに現場参戦（競馬場）だと、馬券を買わないとヒマで仕方ない。どうしても、毎レース、毎レース、馬券を買ってしまいがちだ。だが、たいした根拠もなく「次のレースがきたから」という理由だけで、惰性で馬券を買っていては、勝ちは遠のく一方だ。

レース分析には時間がかかる。実際問題、出走馬すべてを、くまなく綿密に分析することは不可能だろう。まして、レースとレースの間のわずかな時間では、なおさら無理というもの。それに、毎度毎度、勝負に値

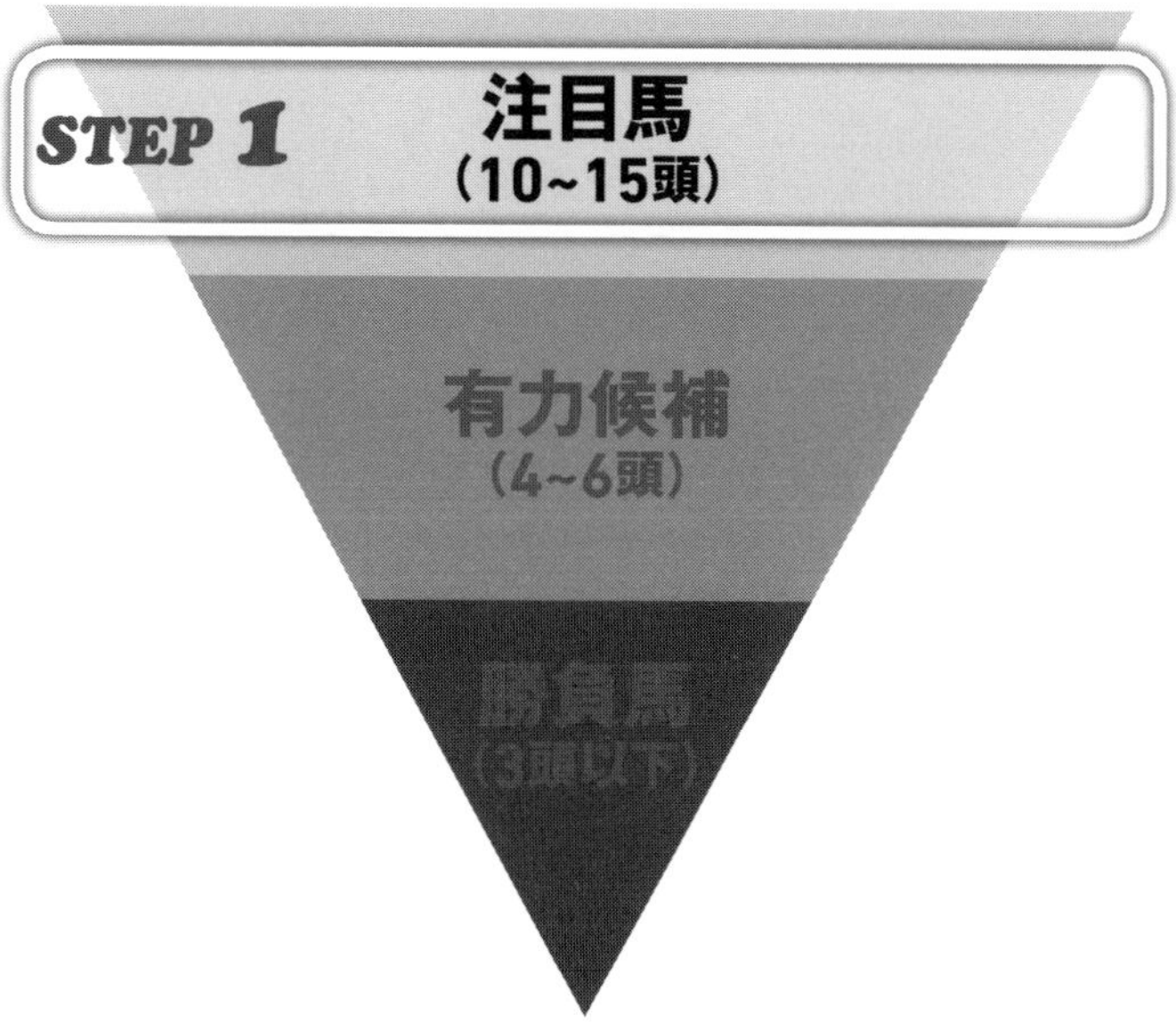

するだけの馬（＝走る確率が高く、かつ軽視されている馬）がいるはずもない。だからこそ、勝負馬は『絞り込む必要』があるのだ。

ステップ1 目ぼしい馬をピックアップする

まず、最初に取り上げるのは、『期待値の高いパターン』『事前にチェックしていた注目馬』『1頭ずつチェックした馬』の3つ。

①期待値の高いパターン

期待値の高いパターンとは、（過去データ分析により導かれた）『高回収率が望めるパターン』に該当した馬のことである。たとえば、『（前走外枠）先行＋上がり2位以内＋今走芝レース』などである。この期待値の高いパターンに該当した馬を吟味し、脈のありそうな馬を残していく。

②事前にチェックしていた注目馬（チェック馬）

私は、「次走、狙える」と判断した馬を、事前にマークしている。たとえば、レースVTRを観て素質が高いと感じた馬や、馬場の不利を被った馬、さらに『前崩れの展開』で粘った馬や、『不向きな条件』で健闘した馬など。これには、競馬ソフト〝TARGET(ターゲット)〟の『チェック馬機能』を活用している。

チェック馬機能とは…

気になった馬をチェックしておくと、次走、出走した際に、チェック馬として表示される機能。自分の注目馬を見逃すことがなくなるので、非常に重宝する。私にとって、予想の際、欠かせない機能となっている。

このチェック馬も、すべてを取り上げる訳ではない。条件が合わない馬や、長期休養明けの馬などは排除することがある。

『事前にチェックしていた馬』
『期待値の高いパターン』

まずは、この2つをリストアップする。

③1頭ずつチェックする

あとは、出馬表と睨めっこしながら、1頭、1頭、根気よくチェックしていく。気になった馬がいれば、すかさずレースVTRを確認。騎手コメント等を参考にしながら、好走の見込みがありそうな馬をとりあげていく。

こうして、残るのは(1日の開催で)だいたい10～15頭ぐらい。これが、1次選考を通過した注目馬である。※ちなみに、この注目馬は(私のブログ)『馬券師メモ』にて、毎週、無料公開中だ。

簡易抽出法

■複勝率の高い馬からチェックする

馬を1頭1頭チェックする時間がない場合、『複勝率の高い馬』から見ていく方法がある。そのレースと同じトラック(芝、ダート)における(通算の)複勝率が高い馬に的を絞ってチェックしていくのだ。具体的には、芝で複勝率『50%以上』、ダートで複勝率『60

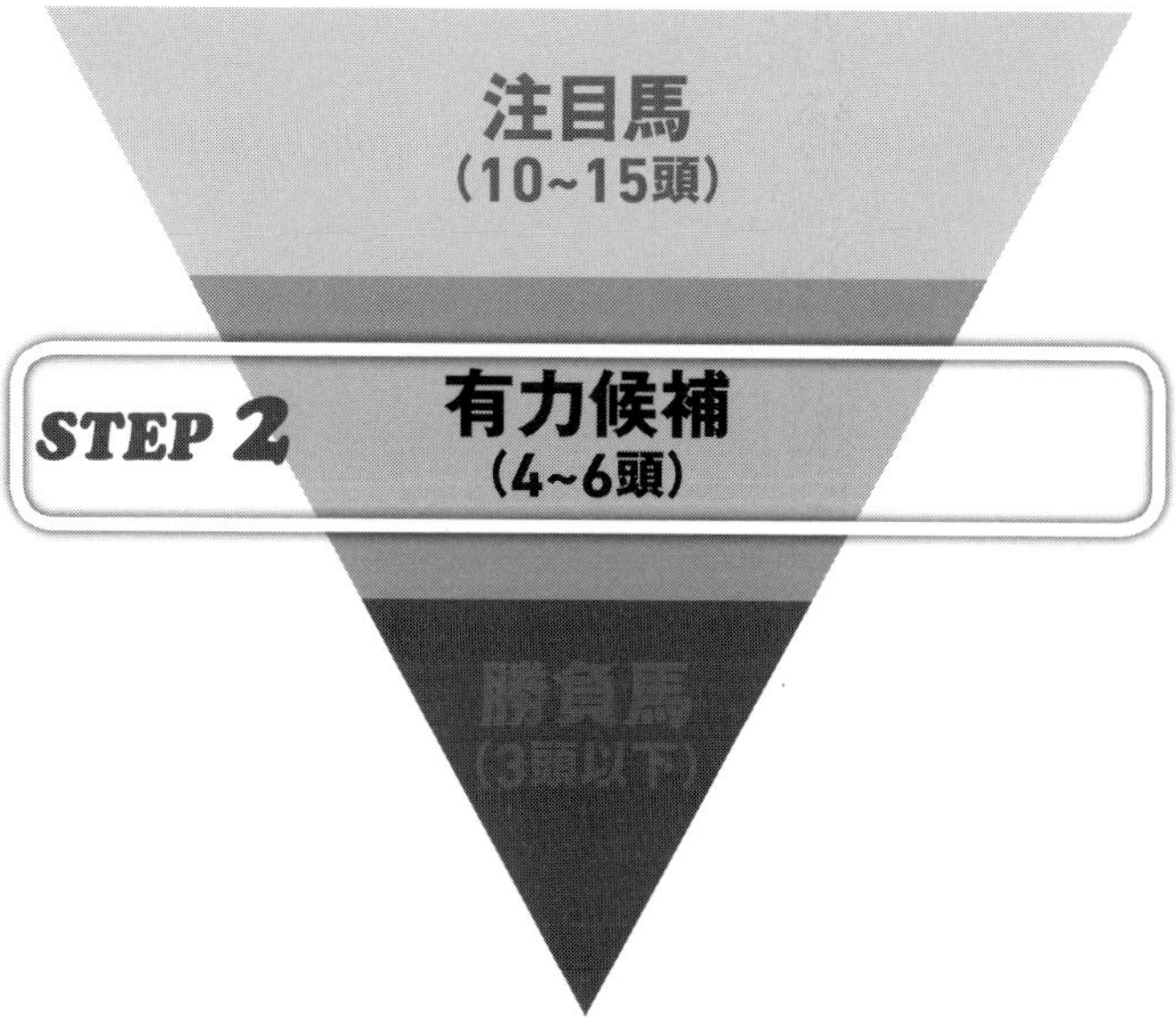

%以上』なら、堅実駆けの素質馬として一目置ける存在となる。※レースのキャリアが浅い2~3歳戦は除く。

■コース実績の優秀な馬からチェックする

コース実績の優秀な馬からみていく方法もある。当該コースの複勝率が80%を超えるようなコース巧者から狙い馬を選出するのだ。注意点としては、（前述したように）そのコースで走った経験が浅い馬は、信頼度が落ちるということ。逆に、走った経験が多いにもかかわらず、複勝率が高い場合、コースの相性はバツグンだ。

ステップ2 有力候補を絞り込む

［ステップ1］でリストアップした10~15頭の注目馬を『4~6頭』にまで絞り込む。これが『有力候補』になる。前走のレースＶＴＲ、調教内容、厩舎コメント、人気などを確認し、脈がありそうな馬を残していく。

レースＶＴＲで注目するポイントは［スタート（出遅れていないか）、道中（折り合いはついているか、途

中で位置を下げていないか）、3角（早めに動いたか）、4角（手応え、反応がバツグンか、インか外か）、直線（伸びない馬場を通ったか）」など。調教はラストの伸びに注意を払う。

ステップ3 勝負馬を選別する

［ステップ2］で候補馬を4～6頭まで絞り込んだ。この段階までくると、残った馬は、どの馬も魅力十分。「全てを買い」としたいところだが…。ここは歯を食いしばって絞り込まなければならない。なぜなら、この段階で『GOサイン』を出してしまうと、どうしても〝甘い見立て〟となってしまうからだ。

たしかに、残った馬は食指の動く馬ばかり。だが、この時点では『プラスの側面ばかり』をみている可能性が高い。マイナスの側面はみていない。そこで、最終選考では、『マイナス面』に着目して絞り込む。

まず、候補馬のマイナス要素を思いつくだけあげていく。

マイナス要素

《中間一頓挫※　斤量増　不利な枠　条件不向き　前走が恵まれた好走　ムラ駆け　騎手に問題アリ　ライバルが強力　展開が厳しそう…ｅｔｃ．》

※中間一頓挫

調教で順調さを欠くこと。ふつう、中2週なら2本、中3週なら3本といった具合に時計を出す。それが、中3週で2本のように調教の本数が足りていない場合、中間で〝楽〟をさせた疑いがある。調教期間中にスッポリと時計が抜け落ちている馬は要注意だ。その他、調教の本数が少ない馬は『短期放牧』に出ていた可能性もある。

候補馬の不安点やマイナス面をムリにでもあげていく。「何としても、この馬のアラ探しをするぞ！」ぐらいの意気込みでやる。※『ツー』と指でホコリをぬぐう〝鬼姑〟のイメージだ。

すると、思いのほか、マイナス要素が〝わんさか〟と湧き出てくる。中には、「いい馬だと思っていたけど、冷静に考えると、危険な馬だった」ということもある。

このようにして、マイナス要素を出し尽くした段階で、あらためて候補馬をみていくのである。この段階で、マイナス要素がキツイと判断した馬は切り捨てる。

究極の1頭

最後に残った候補馬は3頭以下。私の場合、この中から、さらに絞り込み、最終的に（条件戦の勝負馬は）『1頭』で挑むようにしている。以前は、3頭ほど残していたのだが…3頭残すと、どうしてもガードが甘くなり、〝隙〟が発生。その結果、勝負馬の質がビミョウに落ちてしまっていた。マイナス面をしっかりと把握できていなかったり、希望的観測に基づいて選んでしまったり…。

だが、これが1頭になると、かなりシビアに選定せざるを得なくなる。選びに選び抜かれた〝究極の1頭〟となる訳だ。もちろん、最後に迷って切った馬が1着に激走することもある（そんなときは発狂しそうになるのだが）。とはいえ本当に長い目でみると、やはり1頭に絞った方が成績は上がりやすい。『絞り込むスキル』も鍛えられる。毎週、毎週、究極の選択を強いられる訳だから…（一般の方は、ここまでシビアに絞り込む必要はないかもしれないが）。とにかく、『勝負馬を絞る』重要性だけは忘れないで頂きたい。

chapter4

条件戦&馬券テクニック編

昇級戦は芝○、ダート×

クラスの壁か、勢いか

レースで勝利した馬は、かつてのクラスを卒業し、晴れて上のクラスへ上がることになる。昇級だ。昇級すれば、戦うメンバーは一気に強化。よく、『クラスの壁』と言われるように、好調だった馬が昇級後、頭打ちになるケースは珍しくない。

その一方で、勝った勢いそのままに、クラスが上がってからも好走を続ける馬がいる。中には「ここは通過点」と言わんばかりに、トントン拍子で出世する馬も。前走で勝っているだけに、好調である（可能性が高い）ことは確かなのだ。『クラスの壁』と『勢い』。どちらを重視すればいいのだろうか？

芝とダートで違う

結論から言うと、ダートではクラスの壁が厚く、芝では勢いが通じる。つまり、昇級初戦は『芝○、ダート×』なのである。

昇級戦『ダート』

㊕71％ ㊫75％ 総数8127

昇級戦『芝』

㊕86％ ㊫85％ 総数10742

ご覧のように、（同じ昇級戦でも）ダートの数値は悪く、芝の数値は良い。なぜ、芝とダートで、これほどまでに差が開くのか？ その主因は、「芝→スローが多い」、「ダート→スローが少ない」からだろう。

ダートはテンから飛ばし、バテ合いをしのぐのが特徴。このような淀みのない流れでは、マギレは少ない。クラスが上がれば、確実に一段階タイムが速くなる。つまり、〝タイムの壁〟が高くそびえているワケだ。

したがって、持ち時計のない馬が〝運〟で好走することは難しい。

それに対し、芝レースでは頻繁にスローペースが発生する。スローになれば、（時計的に）一枚足りない馬でも『瞬発力』で何とかなるケースがある。また、馬群が密集しやすいので、騎手の捌きひとつで、馬券内に食い込むチャンスが生まれる。

さらに、芝レースでは、『外が伸びる馬場』、『インが残る馬場』といった具合に、馬場の有利・不利が存在し、その馬場の偏りが着順に大きな影響を与える。そのため、有利な馬場さえ通ることができれば、（実力が足りない馬でも）上位入線の芽が出てくる訳だ。芝は（ダートとは違い）タイム以外の要素も幅をきかすため、昇級戦でも通用しやすい傾向にある。

昇級戦は、『芝○、ダート×』。まずは、この基本公式を頭に叩き込んでおこう。

芝の短距離は昇級△

ただし、同じ芝レースでも、『短距離戦』ではクラスの壁が〝やや厚い〟。芝レースで昇級の馬が通用しやすい理由は、「スローが多いから」と説明した。だが、短距離のレースは（皆、テンからフッ飛ばすので）スローになることは滅多にない。

昇級戦　芝（1200m以下）

㊖76%　㊢80%　総数2072

昇級戦　芝（1400m以上）

㊖88%　㊢86%　総数8670

牝馬のダートで昇級戦は危険

ここまで、『ダートの昇級戦は×』という話をしてきたが、とりわけ数値が悪いのが『牝馬』だ。牝馬の昇級戦（ダート）は、惨たんたるありさま。悲惨なほどに回収率が落ち込む（昇級2戦目、3戦目も同様）。もともと牝馬は牡馬に比べて非力で、ダートの期待値が低い。それが、昇級戦になると、（一段とタイムが速くなり）余計に厳しさが増す訳だ。ダートの牝馬は

『昇級後、3戦以内』はタブー。とくに牡馬混合戦では、手を出さないのが無難だ。

もし、昇級戦（ダート）の馬を狙うのであれば、『牡馬の1番人気』が無難だ。（昇級戦にもかかわらず）1番人気に支持されるような馬は、すでに現級で通用の力（時計）を示していることが多い。持ち時計がある分、昇級の壁にも跳ね返されることなく、馬券内に食い込める。

昇級戦　ダート　1番人気（牡・セン）

㊖80%　㊢85%　総数966

■ダート昇級戦

昇級後	単回収率	複回収率	総数
1人気	78%	84%	1205
2人気	72%	77%	1275
3人気	77%	75%	1305
4人気以下	66%	71%	4342

■ダート昇級後『牝馬』

昇級後	単回収率	複回収率	総数
昇級1戦目	60%	71%	1973
昇級2戦目	63%	67%	1489
昇級3戦目	57%	68%	1191
昇級4戦目	87%	82%	1000

※データは単オッズ20倍以下　※近10年で集計

トラックキャリアの浅い馬を買え

路線転向で覚醒する馬

ずっと『ダート』を使われていた馬が、突如『芝レース』へと路線転向。すると、これまでの不振が嘘だったように連勝したり、成績が持ち直したりする。皆さんも、このような『トラックキャリアの浅い馬』の激走を目の当たりにしたことがあるかもしれない。

■トラックキャリアの浅い馬とは?

たとえば、(今走)芝レースで『ダートのキャリア…20戦』、『芝のキャリア…1戦(←キャリア浅い)』のような馬。もしくは、ダートレースで、『芝のキャリア…15戦』、『ダートのキャリア…2戦(←キャリア浅い)』のような馬。※ただし、(ダートのキャリア…2戦、芝のキャリア…1戦のような)全体のキャリアが少ない馬は除外する。

このような『トラックキャリアの浅い馬』は要注意である。なぜなら、堅実に走るうえに、近走よりもパフォーマンスを上げやすいからだ。

例1
アウォーディー
2015年シリウスS(3番人気1着)

たとえば、(ダートレースの)シリウスSを制したアウォーディー。(当時)同馬の前走は『初ダート』で1着。ダートは1戦1勝という状況だった。芝のキャリア『26戦』に対し、ダートのキャリアはわずかに『1戦』。つまり、トラックキャリアの浅い馬に該当していた。ちなみに、アウォーディーは、その後も勢い衰えることなく連勝街道をひた走り、ついにはG1ウイナーにまで上り詰めている(JBCクラシック制覇)。

例2
ローレルベローチェ
2015年壬生特別(5番人気1着)

壬生特別に出走したローレルベローチェは、当時、ダートのキャリアが『11戦』に対し、芝のキャリアは『2戦』。同馬もトラックキャリアの浅い馬に該当していた。前走が(デビュー戦以来となる)『超久々の芝』で6着に敗れたものの、芝レースでも難なくハナを切れるスピードをみせていた。この壬生特別を勝利した後も、準オープン1着→オープン特別1着→重賞2着と躍進。

例3
ショウナンカンプ
2002年高松宮記念(3番人気1着)

古い例だと、ショウナンカンプ。同馬はデビュー戦以来、ずっとダートを使われていたが、あるとき、芝レースへと突如、路線転向。すると、一気に頭角を現し、怒涛の3連勝でG1高松宮記念を制した。（高松宮記念時の）ショウナンカンプは、ダートのキャリア『10戦』に対し、芝のキャリアはわずかに『2戦』。このように、トラックキャリアの浅い馬が激走した例は枚挙にいとまがない。

トラックキャリアの浅い馬が走る理由

私の場合、トラックキャリアが『6戦以下』の馬を、キャリアの浅い馬と定義。要警戒としている。それにしても、なぜ、トラックキャリアの浅い馬は、こうもよく走るのだろうか？　その理由の1つは、『上昇の余地』が残されているからだろう。

■上昇の余地

トラックキャリアの浅い馬は（そのトラックでの経験が浅い分）まだ伸びしろが残されている。たとえば、『初ダートで5着』だった馬は、（ダート慣れが見込める）次走以降に着順を上げて馬券内に食い込みやすい。

仮に、しばらく結果が出なかったとしても、経験を積むうちに走れるようになる馬は多い。（5着→5着→6着のように）ソコソコの着順でくすぶっていたとしても、トラックキャリアの浅い馬なら、ある日を境に覚醒するケースがある。一見、停滞しているようにみえても、そのトラックでの経験値は積まれていくので、いつ爆発してもおかしくないのである。

よくあるのは、「初ダートで5着→砂を被って8着→巻き返して1着」のようなパターン。ダートのキャリアが浅い馬は、砂を被ることに慣れていない。そのため、砂を被ってリズムを崩されると、あっけなく凡走することがある。そんな馬が先行したり、（外枠からの発走で）砂を被らず運べると激走することがよくある。

体質がしっかりしてきた

本来は芝馬なのに、止むを得ずダートを使っているケースもあるだろう。ダートは（芝に比べて）クッション性があり、脚元への負荷が少ない。だから、ソエなど脚元に不安のある馬は、（本来は芝向きでも）あえてダートを走らせることがある。たとえば、かつて〝最強のマイラー〟と称されたタイキシャトルは、デビュー戦と2戦目はダートを使われていた。これは、ソエが固まっていないためだった。

『本来、芝向きの馬』が、満を持して芝レースへ出走となれば、がぜん期待は高まる。なぜなら、脚元がパンとしたり、体質がしっかりしてきた証だからだ。しかも、本来は芝向きなのだから、適性面からも大きな上積みが期待できる。

このように、『最初は無理せずダート路線→のちに芝路線へ転向し覚醒』というパターンの馬は、飛躍する馬が多い。大事に使われてきた分、馬がすりへっていないからだ。

真面目に走りやすい

（トラックキャリアの浅い馬が期待できる）もう1つの理由として『真面目に走りやすい』点があげられる。芝とダートは、まるっきり違うトラック。だから、競馬がマンネリ化した競走馬にとっては、目新しさがあり、新鮮だ。その分、真面目に走りやすいのである。

■馬が不振に陥る理由

馬が走らなくなる一番の要因は何か？　というと、〝馬のメンタル面〟だ。メンタルの問題で、馬が真面目に走らず、凡走を繰り返すようになる。

もちろん、体調や、能力の衰退等も要因の1つだろう。だが、まだ2歳や3歳の若い馬が、ある時期を境にパッタリと走らなくなるのは、能力の衰退だけでは説明のつかない話。肉体的に老け込むには、まだ早すぎる。

また、仮に『体調』が原因とするなら、時間の経過とともに、さっさと成績が持ち直してこなければおかしい。それが、いつまで経っても不振のままでいるのは〝体調以外の何か〟があるからだろう。そう、メンタル面だ。

馬は、自由気ままに走るのは好きだ。だが、無理やり走らされるのは好きではない。ムチを入れられて限界ギリギリの走りを強いられる競馬は、馬にとっては重労働以外の何物でもない。

最初のうちは、言われるままガムシャラに走るかもしれない。だが、使い続けるうちに、次第に競馬に嫌気がさし、馬が全力で走らなくなる。つまり、ズルすることを覚えるのだ。

ところが、そんな不振続きの馬が、芝⇕ダートのトラック変更で、息を吹き返すことがある。これまでとは違う目新しい状況(トラック替わり)が、マンネリ病から抜け出すキッカケとなるからである。

初ダート、初芝は？

ちなみに、初ダート、初芝を狙うという作戦もあるが、これは見極めが難しく難易度が高い。たとえば、13年のフェブラリーSに出走したカレンブラックヒルがいい例だ。

当時、カレンブラックヒルは初ダート。ダート向きの走りということで、鳴り物入りでフェブラリーSへの参戦が決定したが…。結果は、1番人気に支持されるも、15着に敗退。直線あえなく失速している。

トラックの適性というのは、走ってみなければ分からない〝出たとこ勝負〟の面がある。また、本来はダート向きであっても、芝の走りに慣れてしまった故に、初ダートで戸惑う馬も多い。その逆で、ダートに慣れすぎたために、芝のスピードについていけない馬もいる。

もし初ダート、初芝を狙うのであれば、未勝利戦がいい。未勝利戦に出走する馬は、(芝、ダート全てをひっくるめた)〝全体のキャリアが浅い〟。したがって、まだ、どちらの走りにも染まっていない。初ダートや、初芝を苦にせず、穴をあけることもしばしばだ。

トラックキャリアの浅い馬は、いつ爆発してもおかしくない穴候補だ。常にマークを怠らないようにしたい。

前崩れの展開を狙え

前崩れは異常事態

ガリガリと前がやり合い、先行馬が総崩れ。替わって、差し・追い込み馬が上位に台頭する。そんな『前崩れの展開』の中、ただ1頭だけ先行し、それなりに粘っていたとしたら…その馬は、文句なく評価に値する馬だろう。

競馬はもともと逃げ・先行馬が圧倒的に有利。逃げ・先行馬は、平均して掲示板（5着内）の半数近くを占める。つまり掲示板中、2～3頭ぐらいは先行馬が残るのが常だ。そんな〝掲示板の常連〟がスッカリ姿を消し、差し・追い込み馬が上位を独占したならば…それは、明らかに平時とは異なる〝異状事態〟。つまり、それだけ前に厳しい展開だったと言えるのだ。

前崩れの要因

前崩れの要因は、主に『ハイペース』『荒れ馬場』『超・瞬発戦』の3つ。

①ハイペース

これが一番、スタンダードな要因だろう。先行馬がオーバーペースで潰れ、〝漁夫の利〟を得た差し・追い込み馬が脚を伸ばす。このパターンで潰れた先行馬は、素直に狙える。なぜなら、前崩れの原因が「ハイペースである」とハッキリしているからだ。

いくら前崩れの体を成していても、ハイペースという『数字の根拠』がなければ、本当に先行馬にとって厳しい展開だったかどうかは分からない。たんに『先行馬が弱くて自滅しただけ』ということも考えられる。また、仮にハイペースの数値を示していても、『前残りの形』ならダミーの可能性がある。このケースでも、本当に先行馬にとって厳しい展開だったかどうかは疑わしい。（高速馬場の影響で）数値上のペースが速いだけで、実質的には楽なペースだった、ということも考えられるからだ。

前崩れの『形』＋ハイペースの『数値』。この2つが揃ってはじめて『前に厳しい展開だった』と断言できる。

②荒れ馬場

基本、インの馬場状態がよいときは、先行馬が残りやすい。逆に、インの馬場状態が悪く、外差しの決まる馬場では、先行馬は残りづらくなる。

・インの馬場が『良好』⬇ 先行有利
・インの馬場が『荒れている』⬇ 差し有利

（前崩れの展開に加え）インの馬場も荒れていた場合、先行馬にとって、より厳しさが増す。荒れ馬場は、前崩れを助長するファクターだからだ。

③超・瞬発戦

スローにもかかわらず、『差し』がズバッと決まることがある。瞬発力のある差し馬が、鋭い脚を繰り出し、先行馬を飲み込むケースだ。このようなケースでは、たとえ前崩れの形になっていても、（先行馬を）高く評価することはできない。なぜなら、頑張ったのは差し馬であって、先行馬は別に頑張ったワケではないからだ。※先行馬自身は〝楽なペース〟で運べている。新潟（外回り）などで、このケースをよく見受けるが、とくに評価はしない。

もう1つの見極めポイント

前崩れの展開が、本物かダミーかを見極めるポイントがもう一つある。

■崩れたのが人気馬

いくら前崩れの展開と言っても、崩れた先行馬が『人気薄』の弱い馬ばかりではアテにならない。先行馬が崩れたのは展開が厳しかったからではなく、それが能力相応の走りだったかもしれないからだ。

逆に、崩れたのが人気馬ばかりならどうだろう？

その前崩れは『厳しい展開によって引き起こされた』と自信を持って言えるはずだ。

前崩れの例

2016年の愛知杯。1番人気に支持されたシュンドルボンは、4角を手応えよく進み、直線で堂々と先頭に立った。「このまま押し切るか⁉」の構えだったが…。先頭に立ったのも束の間、最後の1ハロンで急失速してしまう。結果は8着。

この愛知杯。成績上位馬の『位置取り』に目を向けると、〝ある偏った傾向〟に気づく。そう、前崩れの展開だったのだ。

1着～7着までを、差し・追い込み馬が独占。先行馬はことごとく馬群に沈んでいる。ペースに目を向けると、1000m通過が『59・2秒』のハイペース(距離2000m)。

しかも、当日は、差しの決まりやすい馬場だった。厳しい展開に厳しい馬場。シュンドルボンにとって、かなりの逆風だったはず。さらに、同馬は外枠(16番)から先行する形で、序盤にロスもあった。

『ハイペース』『差しの決まる馬場』『外枠(16番)』。これら三重苦に見舞われては、さすがの1番人気も抗う術はない。この失速は、沈むべくして沈んだ当然の帰結と言えるのだ。

厳しいペースで先行し、心ならずも潰れたシュンドルボン。次走で、どんな走りを見せたか? おおよその見当はつくだろう。

同馬は、次走の中山牝馬Sで4番人気1着と見事な変わり身をみせた。前走とは打って変わって、今度は最後までシッカリとした脚どり。前走の8着は、不甲斐ない8着ではなく、価値のある8着だったということだ。仮に、もう少し楽なペースや、軽い馬場なら、(8着ではなく)もっと上位の着順を目指せていただろう。いかに前走の展開が厳しかったかを、次走(1着)の鮮やかな変わり身が実証してみせたのである。

この愛知杯では、1番人気の馬(シュンドルボン)が先行して潰れ、次走で巻き返したことがポイントになる。『1番人気』が粘れないほど厳しい展開だったと言えるのだ。

■16年愛知杯

着順	通過順位
1着	15-16-15-15
2着	11-8-11-11
3着	9-11-9-7
4着	7-4-7-7
5着	17-17-17-17
6着	11-15-15-11
7着	14-13-13-11
8着	5-4-4-5（シュンドルボン）

たんなる序章でしかなかった

このシュンドルボンの好走を皮切りに、他の先行馬も続々と〝逆襲〟。愛知杯で『逃げた』オツウ（15着）は、次々走の福島牝馬Sで13番人気3着に激走。『2番手』で運んだマコトブリジャール（18着）は、次走、福島牝馬Sで15番人気1着の大爆発。『4番手』で運んだメイショウスザンナ（12着）は、次走、中山牝馬Sで15番人気3着に激走し、3連単17万の片棒を担いだ。

このように前崩れの展開で凡走した馬が、次走以降、

厳しい流れで負けた後に後巻き返したパターン

16年中山牝馬S　シュンドルボン　4人気1着

(65.4)65.6	吉田豊	㊷ハーツクライ(中長)　牝5	矢野英(南)0.0.0.0	5京[4]11・15女王杯GI18ト7	1中京①1・16愛知杯GIII18ト8
△▲△▲▲◎◉	54	シュンドルボン	5-5-4-7	三芝外B2151アッゼニ56△	三芝B1594大野54○
		ネイチャーガイド⓪　青鹿	逃0先4差6追0　2450	M38.0-34.8[6][7][9][9]中	M36.5-36.1[4][4][4][5]中
		エルコンドルパサー(中)	⑧・・・・・・・・	マリアライト0.249817ト11人	バウンスシャ0.650216ト1人
14.1　←[圏]	1000	(有)下河辺牧場　下河辺牧場	中7週0000	南W[4]52.8 38.4 12.4[→]○	南W[4]52.9 38.3 12.0[→]○

前走の愛知杯は1番人気を背負うも、外枠から前半1000m通過が「59.2」という厳しいペースで先行する形となったシュンドルボン。差しの決まる馬場だったこともあって敗れたが、レース内容は決して悪くなく、次走でアッサリと巻き返した。

雪崩を打って激走することは珍しくない。前崩れでバテた先行馬が、次走で1頭でも巻き返したら要注意。

上がり1位馬の狙い所

上がりタイムは何位だったか?

上がり3ハロンが〝33秒台〟。このような数字を耳にすると、(私のような古い人間は) 思わずピクリと反応。前ノメリの状態でモニターに釘付けになり、その末脚に熱い視線を注ぐことになるだろう。「もの凄い末脚をつかったのでは!?」と、条件反射的に思ってしまうからだ。

あのアグネスタキオンが、デビュー戦で33・8秒の上がりをマークしたときは度肝をぬかれた。「鬼脚炸裂!」「クラシックはこの馬で決まり!」などと、一人で大騒ぎしたものだった。

芋づる式で追随する馬が出現しないかを警戒しよう。

ところが、今は33秒台の末脚はザラ。32秒台も珍しくない。「33秒台だから凄い脚」とは一概に言えなくなった。大事なのは、上がり3ハロンの数字そのものより『出走馬中、何位だったか』である。

相対評価が大事

たとえば、あなたがテストで『80点』をとったとしよう。80点なら上々の点数だ。しかし、平均の点数が『77点』ぐらいならどうだろうか? その80点には、(80点という) 字面ほどの価値はないはずだ。なぜなら、平均をわずかに3点ほど上回ったに過ぎないからだ。この場合、テストの難易度がやさしかっただけかもしれない。
一方で、仮にテストの点数が『60点』だったとしても、平均が『30点』なら価値は高い。60点とは言え、平均を大きく上回っており、この場合、テストの難易度が高かったと推測できる。
つまり、『相対評価』が大事なのだ。上がり33秒台でも、メンバー中、下位なら、相対的な価値は低い。一方で、上がり35秒台でも、メンバー中、上位なら価値は高くなる。上がり3ハロンの数字よりも、『出走馬中、何位だったか』の方が、はるかに重要なのである。

上がり1位馬の成績

上がり1位(=上がり3ハロン1位)は、出走馬の中で『最も良い脚をつかった』ことを意味する。この〝上がり1位馬〟の成績は次のようになっている。

前走 上がり3ハロン 1位
㊥81% ㊭82% 総数 26829

前走 上がり3ハロン 2位
㊥80% ㊭82% 総数 22912

ご覧のように、前走で上がり1位をマークした馬の成績は『平均程度』。特段、数値が優れている訳ではない(上がり2位も同様)。上がり1位と言っても、さまざまなケースがあり、すべてを一律に高評価することはできないのだ。

たとえば、『追い込み馬』は前半で楽をする分、上位の上がりをマークしやすい。追い込み馬が、上位の上がりをマークするのは当たり前とさえ言える。※とくにインを突いた追い込み馬は、速い上がりをマークしやすい。

前走 上がり3ハロン1位『追い込み馬』
㊥79% ㊭78% 総数 10662

高評価できる上がり1位

一方で、逃げ・先行馬は、上位の上がりをマークしづらい。先行馬は、前半で脚をつかう分、どうしても脚が溜まらないからだ。

ここで考えてみて欲しい。上位の上がりをマークしづらい『先行馬』と、マークしやすい『追い込み馬』。この両者では、どちらの（上がり上位馬）が、高評価できるだろうか？

答えは『先行馬』だ。（上位の上がりをマークした）先行馬こそ、希少価値があり、高評価に値する。前走で『先行』し、かつ『上がり1～2位』だった馬は、（複勝回収率が高いように）安定して走る傾向にある。※

先行の定義＝4角で、隊列の1／3より前に位置していた馬。ただし、逃げ、マクりは除く。

前走『先行』上がり3ハロン1～2位

㊅86％ ㊋87％ 総数10179

【参考】（全脚質）前走 上がり3ハロン1～2位

㊅80％ ㊋82％ 総数49741

上がり上位の先行馬を『芝レース』で狙う

私の前著を読んだ方なら、もうご存知かも知れないが、『先行馬』の期待値が高いのは『芝レース』だ。芝レースは（差しも決まるというイメージから）先行馬が過少評価されやすい。

したがって、（上がり1～2位をマークした）先行馬は、『芝レースで狙う』のが、理にかなっている。

前走『先行』『上がり1～2位』今走『芝レース』

㊅94％ ㊋91％ 総数4243

まとめ

・上がり3ハロンの数字そのものより、出走馬中、何位だったかが重要
・『先行』して『上がり1～2位』だった馬が、今走『芝レース』なら期待大

先行して上がり1位の意味

『先行して、上位の上がりを使う』ことに、どんな意味があるのか？　ふつう、先行馬は前半で脚を使った分、後半にバテる。バテるが、前半でストックしたリードにモノを言わせて、後方からの追撃をしのぐのだ。それが、バテることなく、1位や2位の上がりを使うのだから、他の先行馬とは一味違う。先行しながら伸びる。それは、とりもなおさず、『強い競馬をした』ということだろう。

もちろん、ペースは『スロー』が多くなる。※スローであれば、先行馬でも脚が溜まりやすくなる。

スローの先行。つまり、ペースは楽。ペース自体は恵まれたことになる。だが、それを差し引いても、『先行しながら、上位の脚を使った』価値は大きい。なぜなら、後方でジックリと脚を温存した差し・追い込み馬を差し置いて、それを上回る速い脚を繰り出したからだ。パッと見、『スローの先行』なので軽視もされやすい。

また、芝レースの場合、昇級したからと言って、必ずしもペースが速くなるとは限らない。スローペースに落ち着くことも多い。スローペースなら、『先行して上がり1位』の特性が活きる。つまり、前に行きながら、速い脚が使える特性だ。前に行った馬に、もうひと伸びされれば、いかに上位の馬と言えども、捕まえることは難しい。

スイートスポット

先行して上がり1~2位だった馬を、芝レースで狙う。これを、もっとピンポイントに狙い撃つなら、次の条件を付加するといいだろう。その条件とは『前走外枠』だ。『前走外枠』から先行した馬が、『上がり1~2位』をマークした場合、価値は絶大。外枠から先行するロスがありながら、最後に伸びた馬は「強い」の一言だ。

前走『6番枠より外』『先行』『上がり1~2位』今走『芝レース』

㊕101%　㊋97%　総数2426

枠の鉄則

枠の基本公式

枠順による有利・不利は、（芝、ダートの）トラックによって異なる。まずは以下の〝基本公式〟を頭に叩き込んでもらいたい。

芝［内枠〇　外枠△］
ダ［内枠×　外枠〇］

芝レースでは、内枠が『有利（〇）』で、外枠が『やや不利（△）』。ダートレースでは、内枠が『不利（×）』で、外枠が『有利（〇）』となっている。

普通に考えれば、最短距離を走れる内枠が有利なはずだ。だから、芝レースで内枠が有利なのはうなずける。だが、ダートレースで内枠がイマイチなのはなぜか？　その主因は『砂被り』だ。

■砂被り

ダートで内枠が不利となる一番の要因が『砂被り』だ。砂被りは（芝にはない）ダート固有のデメリットと言える。とりわけ内枠は、砂を被る被害に見舞われやすい。内枠で馬群に囲まれると、身動きが取れずに他馬の後ろでずっと砂を被り続けるハメになる。

■枠番別成績（芝）

枠	単回収率	複回収率	総数
内枠（1~2枠）	85%	85%	23578
中枠（3~6枠）	80%	81%	53395
外枠（7~8枠）	81%	80%	31463

■枠番別成績（ダート）

枠	単回収率	複回収率	総数
内枠（1~2枠）	73%	78%	22404
中枠（3~6枠）	80%	81%	53207
外枠（7~8枠）	87%	84%	28626

自分が馬になったつもりで想像してみて欲しい。馬は、顔を突き出すようにして走る。だから、ダートで馬の真後ろを走ると、前の馬が蹴り上げた砂（キックバック）が、モロに顔面を直撃することになる。目にも鼻にも容赦なく砂が入り込んでくる。道中、ずっとこんな状態では、馬もたまらない。不良馬場になれば、騎手の服が全身、泥んこになるほど砂の〝飛び〟は激しくなる。

また、（ダートの内枠は）スタートで後手を踏むと挽回が難しいというデメリットも存在する。もし、先行馬が内枠で出遅れた場合、リカバーできずに、ずっと砂を被ってジ・エンドとなる可能性が高いだろう。逆に外枠なら、少々出遅れても、騎手が押していって前へ取り付くことができる。たしかに外枠は距離損が生じるが、メリットがデメリットを十分に補えるのだ。

ダート戦は『内枠⇒不利（×）』、『外枠⇒有利（○）』。この傾向は、ダートの性質上、今後も大きく変わることはないだろう。例外として（スタート後すぐにカーブを迎える）東京ダート２１００ｍでは外枠がやや不利になる。

芝は内枠が有利

では、『芝レース』はどうか？　芝レースは（ダートとは逆で）『内枠が有利』。ダートのように砂被りの不利はなく、（『芝スタートのダート』のように）外枠が有利になる要因もない。たしかに、馬場が荒れてくれば、インを通ると不利には違いない。だが、そうなる頃には、皆インを避けて通るようになるので、結局、たいして内枠不利にはならないのだ。

また、近年は新種の芝（エクイターフ）の導入で、内側の芝が荒れにくくなった。そのため、開催が進んでも、以前のように外差しがバンバン決まることはない。加えて、排水の技術が進歩し、雨が降っても極端に馬場が悪化しにくくなっている。

さらに、芝レースの場合、仮に先行できなくても、『イン突き』という奥の手が残されている。※イン突き＝後方の馬が4角で（外を回らず）直線でインを突くこと。

ダートの場合、イン突きが決まることは滅多にない。その理由は、前に行った逃げ・先行馬が止まらないので、差し・追い込み馬は外を回って早めに追い上げる必要があるからだ。インでのんびり構えている暇はない。

だが、芝レースの場合、イン突きが割とよく決まる。直線では、馬群が団子状態→バラける展開になりやすく、インでジッとしていれば前が開く。とくに〝外回りコース〟では、内回りと外回りの合流地点でインがぽっかり開くため、イン突きが決まりやすい。したがって、内枠で差す形になっても、(ダートほど) 不利にはならない。

枠順の有利・不利は、トラック(芝、ダート)によって異なる。この〝枠の鉄則〟をまずはしっかりと押さえておこう。

内枠＋先行馬

芝レースでは『内枠が有利』と説明した。その内枠有利のメリットを最も享受できるのが『先行馬』だ。先行馬が内枠に入れれば、スタートで消費するエネルギーを最小限に抑えられる。

《スタート直後は加速のために膨大なエネルギーが必要となり、まずATP-CP系のエネルギーが利用される》

ＪＲＡ競走馬総合研究所 編 『競走馬の科学』より

スタートダッシュには膨大なエネルギーを要する。(仕掛けて前に行く) 先行馬なら尚更だ。その際、内枠からスッと先行できれば、スタートダッシュによる消耗を最小限に抑えられる。そのため、(芝レースにおける) 先行馬は、内枠に入ったときに高い回収率をマークするのだ。※ただし、特殊な脚質である『逃げ』は除く。逃げの場合、内枠で逃げられなかった場合にモロいため。

芝レース 内枠、前走先行

㊗95% ㊗91% 総数6876

chapter 4 条件戦&馬券テクニック編

大型馬の距離短縮

距離短縮の優位性

穴馬券を獲る上で、必須と言える概念、それが『距離短縮』だ。

距離短縮とは？

今回走る距離が、前回より短くなること。たとえば、前走で1600mを走った馬が、今走で1200mを走る場合、（400mの）『距離短縮』となる。※この距離短縮は、（Mの理論でお馴染み）今井雅宏氏が提唱した概念。『短縮ショッカー』という書籍が参考になる。『距離短縮』の馬は、そうでない馬（同距離、延長）に比べて優位性があり、回収率が高い特徴がある。

前走との距離比較

△同距離 ㊖79% ㊗81%
△延　長 ㊖82% ㊗80%
○短縮 ㊖84% ㊗85%

ご覧のように、単勝回収率、複勝回収率ともに『距離短縮』が、最も高くなっている。なぜ、距離短縮は（同距離や延長に比べて）回収率が高くなるのだろうか？その理由は、距離短縮の方が、馬が精神的に頑張れるからだ。

馬は今日、自分が何メートルの距離を走るか？など知る由もない。それで、前走の記憶を頼りにレースに挑む訳だが…想定していたよりも距離が短ければ、馬は精神的に楽になる。「もうすぐゴールか（思っていたより短いな）。あとちょっとなら頑張れるぜ！押忍！」といった具合に、ゴール前のひと踏ん張りがきく訳だ。

距離短縮 3つの特徴

この『距離短縮』を、私なりに分析したことがある。その結果、次のような特徴が明らかになった。距離短縮の馬は…

・短縮の『幅』が大きいほど回収率が高くなる
・『短距離』で回収率が高くなる
・『大型馬』ほど回収率が高くなる

この中で一番重要なのは『大型馬ほど回収率が高くなる』だ。

データをみると、距離短縮は、馬体重が重いほど右肩上がりで回収率が高くなっている。小型馬（439キロ以下）と大型馬（500キロ以上）の回収率を比べると、その差は歴然だ。

大型馬の距離短縮が有効な理由は、大型馬の方が、距離が短くなってパフォーマンスを上げる馬が多いからだろう。人間の場合でも、短距離ランナーは筋肉質でガッチリしたタイプが多く、その分、体重は重くなる傾向にある。逆に、長距離ランナーはスリムで細身な体型が多い。その分、体重は軽くなる傾向にある。

人間のケース

ランナーの適正体重について考えてみよう。たとえば、『身長170センチの適正体重』は以下のようになっている。

■距離短縮（馬体重別）

馬体重	単回収率	複回収率	総数
439キロ以下	76%	79%	5051
440~459キロ	78%	83%	9750
460~479キロ	83%	85%	13971
480~499キロ	87%	87%	12380
500キロ以上	92%	88%	10502

・短距離…55～60キロ⬆体重が重い
・長距離…50～55キロ⬆体重が軽い

短距離ランナーの方が、（長距離ランナーより）適正体重が重いことが分かる。身長170センチの場合、短距離ランナーの方が5キロほど適正体重が重くなっている。

※引用元:Career Garden　ホームページ『陸上選手の仕事』より

たとえば、短距離ランナーであるウサイン・ボルト選手は、（Wikipediaによると）『身長196センチ』、『体重94キロ』となっている。肥満度を示すBMIは『24・5』である。※BMI＝体重kg÷（身長m×身長m）

一方、1500m走のアスベル・キプロプ選手は、『身長188センチ』、『体重62キロ』となっている。BMIは『17・5』である。

・ボルト選手　…BMI24・5
・キプロプ選手　…BMI17・5

肥満度を示すBMIは、（短距離ランナーである）ボルト選手の方が、（中距離ランナーの）キプロプ選手よりも明らかに高い。この両選手に限らず、全般的に短距離ランナーほどBMI（肥満度）は高くなる傾向にある。

このように、距離によってランナーの適正体重は異なる。競走馬も同様で、『大型馬ほど、短距離タイプが多い』のである。※もちろん大型馬でも長距離向きの馬はいる。

■大型馬の距離短縮は期待値が高い

距離短縮は、前走に比べて距離が短くなる。距離が短くなる＝大型馬にとっては、より適距離に近づく（可能性が高い）ということ。つまり、大型馬の距離短縮は、全体的にみると〝条件好転〟となりやすいのだ。その結果、回収率が高くなるのである。

短距離で狙う

『大型馬の距離短縮』といっても、さまざまなケースがある。たとえば2200m→2000mの場合も、一応は距離短縮だ。この場合も、たしかに距離は短くなるが、中距離→中距離である。中距離のカテゴリーであることに変わりはない。ここで大型馬の基本的な特徴を思い出してみると…大型馬は『短距離タイプ』が多い。

■大型馬（馬体重500キロ以上）

1400m以下

㊥88%　㊩85%　総数　14008

1500m以上

㊥83%　㊩83%　総数　27616

大型馬は、もともと（1400m以下の）短距離で回収率が高い。ならば、大型馬の距離短縮も、『短距離』だけにマトを絞れば、より効果的だ。

■大型馬、距離短縮、1400m以下

㊥100%　㊩94%　総数　4230

『大型馬の距離短縮を（1400m以下の）短距離に絞って狙う』これで回収率は100%の大台に乗る。

ちなみに、このデータは『大型馬の〝距離短縮〟』、『大型馬の〝短距離〟』、という2つの高回収率データが合わさったもの。2つの条件を同時に満たすデータのため、おのずと回収率は高くなるのである。

ダートは外枠のデカイ馬

クッパタイプの大型馬

かつて、私はゲーマーだった。お気に入りは『マリオカート』というゲーム。※マリオカートとは、バギーに乗ったスーパーマリオのキャラを競わせる任天堂のテレビゲームだ。

そのマリオカートで、私が愛用していたキャラが『クッパ』である。〝重量級〟のクッパは、エンジン性能に関してはピカイチ。トップスピードの速さは群を抜いており、（軽量タイプの）ピーチ姫やキノピオの比ではない。

だが、その反面、急加速・急減速が苦手、コーナーワークが下手、などの弱点を持ち合わせていた。デカイ分だけ、器用さに欠ける訳だ。

競馬の場合も、（このクッパ同様）デカイ大型馬は不器用なタイプが多い。不器用な分だけ、（窮屈な競馬を強いられる）『内枠』を苦手とするタイプが多いのだ。

逆に、ノビノビと走れる外枠では、存分に力を発揮できる。

大型馬はダートの外枠で狙え

大型馬は、外枠ほど好成績。そして、これが『ダート』になると、より一層、その傾向に拍車がかかる。なぜなら、（以前、お話ししたように）ダートは〝もともと外枠が有利〟だからだ。有利な（ダートの）外枠に、（外枠が得意な）大型馬が入れば、相乗効果によって数値が跳ね上がるは必定なのである。

■大型馬（馬体重500キロ以上）

枠	単回収率	複回収率	総数
内枠（1〜2枠）	79%	80%	8960
中枠（3〜6枠）	83%	83%	20991
外枠（7〜8枠）	92%	87%	11673

■大型馬、ダート、7〜8枠

㊁94%　㊅89%　総数7090

まとめ

『大型馬＋ダートの外枠』は期待値が高い。

ダートのS級データ

大型馬をダートの外枠で買う。単純にこれだけでも、回収率は平均よりだいぶ高い。これに、ある〝スパイス〟を加えると、回収率をさらに飛躍的にアップさせることができる。そのスパイスとは…『距離短縮』だ。

■大型馬の距離短縮

（前述したように）『大型馬の距離短縮』は期待値が高い。これは、ゴツイ大型馬の方が、短距離向きであることが多いからだった。そして…

- **大型馬の『距離短縮』**
- **大型馬の『外枠』**
- **ダートの『外枠』**

上記3つのプラスファクターを同時に満たす『大型馬＋（ダート）外枠＋短縮』は、いやがおうでも高回収率へと導かれる。3つのデータが互いにシナジー（相乗効果）を発揮し、回収率を爆発的に高めるからだ。

■大型馬、ダート7～8枠、距離短縮

㊥106％　㊧97％　総数1768

データのシナジー（相乗効果）とは？

期待値の高いデータ同士が結合した場合、結合後のデータは（基本的に）元データの回収率を上回る。たとえば、データA、データB、という2つの（有用な）データがあったとしよう。このAとB、どちらの条件も満たす『AB』は、結合前の元データ（A or B）単独の回収率を上回る。

これは、ひとつのプラス要素しか持たないケースより、複数のプラス要素を同時に併せ持つ方が、プラスの効果が大きいためだ。この原理を、私は『データのシナジー（相乗効果）』と呼んでいる。ただし、元データのA、Bはともに膨大なデータ数が必要（データの信ぴょう性を高めるため)。

・大型馬は、外枠が得意Ⓐ
・大型馬は、距離短縮が得意Ⓑ
・ダートは、外枠が有利Ⓒ

上記3つの根幹データ(Ⓐ、Ⓑ、Ⓒ)が結合したデータ(ⒶⒷⒸ)こそ、『大型馬+(ダート)外枠+短縮』である。強力なデータ同士が、手を取り合っているため、その威力は絶大だ。1本の矢では折れる心配はあっても、3本の矢が重なれば滅多なことでは折れない。〝毛利家3本の矢〟のような強固なデータが出来上がるのである。

○大型馬の外枠
+
○ダートの外枠
+
○大型馬の距離短縮
↓

◎大型馬+(ダート)外枠+短縮

距離短縮の場合、大抵、前走に比べて流れは速くなる。流れが速くなる分、テンについていけず、内枠だと、どうしても揉まれやすくなる。(砂被りのリスクがある)ダートでは余計に厳しくなるだろう。だが、外枠なら、(短縮で流れが速くなっても)揉まれず、砂も被りにくい。リスクを抑えながら、短縮の恩恵のみを享受できるため、回収率はグンと高まるのである。

chapter 5

実践編

穴でない穴の典型

◎ルミナスウォリアー――函館記念　9・0倍　1着

ポイント1　穴でない穴

私は常々、「難しい穴は狙うな」「穴でない穴を狙え」と説いている。その穴でない穴の典型的な例と言えるのが、函館記念に出走したルミナスウォリアーだ。

同馬の近3走は、2着→4着→5着という成績。注目すべきは、近2走（4着、5着）のグレード（格）が『G2』だったこと。この函館記念は『G3』格であり、近2走はワンランク格上のレースで健闘していたことになる。

さらに、近2走の斤量が『56キロ』だったのに対し、今走は『55キロ』。斤量は1キロ減となっていた。

レース格　近2走【G2】→今走【G3】

斤量　近2走【56キロ】→今走【55キロ】

つまり、1つ上のグレードで健闘していた馬が、今回はワンランクグレードダウン。さらに、（ハンデ戦で）斤量が1キロ軽くなっていたのである。ここまでお膳立てが整えば、普通なら上位人気でもおかしくないところ。ところがフタを開けてみると、単勝オッズは9・0倍。『穴でない穴』の資格は十分に満たした馬と言えるだろう。

ポイント2　大外を回る

近2走（4着→5着）は、たんに字面の着順が良かっただけではない。きちんと中身の伴ったモノだった。とくに2走前、アメリカＪＣＣ（4着）の内容は秀逸。このアメリカＪＣＣは、４角でマクり気味に動いていったのだが、たまたま動くタイミングが悪く、（他馬も同時に動いたため）超大外を回るハメに。『７頭分外』を回る〝甚大なロス〟が発生。それでも、直線途中までは勝ち負けできる射程圏にいて、上位争いに加わっていた。結果は４着だったが、スムーズなら、もっと上位の着順を目指せていただろう。

ポイント3 消耗戦に強いタイプ

この好内容だった２走前のアメリカＪＣＣ（４着）は『消耗戦』だった。※レース全体の上がり３ハロンは『36・３秒』。

そして、今回の函館記念も（過去傾向から）消耗戦になりやすいレースだ。※しかも、当日の函館芝コースは『重馬場』。余計に消耗戦になりやすい状況だった。

どちらも、消耗戦。つまり、今回の〝レース質〟は、ルミナスウォリアーに向く可能性が高かった。２走前のアメリカＪＣＣ（消耗戦）と、今回の函館記念（消耗戦見込み）はリンクすると考えたのである。

（条件が向くと）判断した理由は他にもある。まず『血統』だ。本馬の父メイショウサムソンはサドラーズウェルズ系でややタフな血統。母父アグネスタキオンも、ややタフ寄り。父も母父も消耗戦向きの血統だ。

さらに、『走法』をみると、〝かき込む形〟のピッチ走法（『道悪＋洋芝』適性あり）。実績は内回りに集中しており、小回りも得意。※全５勝のうち４勝を（直線の短い）内回りコースであげていた。

これらの血統、走法、戦歴から、『小回りの消耗戦は合うタイプ』と判断できるのだ。

ポイント4 堅実駆け

本馬は超堅実なタイプ。これまで大崩れしたことがほとんど無い。このような堅実な馬は「今回も、（ある程度は）走ってくるだろう」と予測できる。そして、条件さえ整えば、好走の見通しが立つのである。

このような分かりやすい『穴でない穴』が出現した際には、周りが何と言おうが意に介さず、躊躇せず狙い撃ちたい。

『リピーター狙い』の作戦がハマった一戦

◎タガノトネール——武蔵野ステークス　36・6倍　1着

ポイント1 リピーター

　このタガノトネールは、前年の武蔵野Sで2着に好走した馬。つまり、今回は『リピーター』に該当する。その前年（2着）は、バツグンの手応えで直線に向き、一瞬は「勝つか⁉」の惜しいシーンを作っていた。勝ったノンコノユメの鬼脚に屈したものの、後続には『2馬身の差』。その粘り強さは、〝脳裏に焼きつくレベル〟のモノであった。

　また、前年の武蔵野Sは『稍重』の馬場で、今年は『重』。『締まったダート＋東京1600m』という、あの強かった1年前とほぼ同じシチュエーションだった。本馬は1400m以下に実績のある馬で、1600mはやや距離が長い。したがって（スピード寄りになる）ダートの渋化は歓迎のクチなのだ。条件的には申し分なかった。

ポイント2 有利な斤量

斤量は56キロ。これは、（2着に好走した）前年の武蔵野Sより1キロ軽い。今回、人気のモーニン（59キロ）と比べても、3キロ軽い。※このモーニンとは、前年の武蔵野Sでも対戦しており、当時は（モーニンよりも）このタガノトネールの方が斤量が重かった。それが、今回は逆転し、タガノトネールの方が3キロも軽くなっていた。

前年
モーニン……55キロ
タガノトネール……57キロ

今年
モーニン……59キロ
タガノトネール……56キロ

対モーニンでみると、斤量はかなり有利なことに気づく。

ポイント3 復調の兆し

適性よし、斤量よし。ただし、1つだけ気になる点があった。それは『近走の成績』だ。『4着→11着→3着』と、近3走はいまいちパッとしない成績。前走は3着だが、地方G3なので、(レベル的に)懐疑的な見方が多かった。

だが、私は、この地方G3に『復調の兆し』を感じとっていた。なぜなら、元来、このタガノトネールは、『地方の(タフな)ダートは不向きなタイプ』だからだ。同馬は、締まったダートが得意なように、軽いレース向き。タフな地方のダートは、本質的には不向きなタイプである。不向きな条件で3着(しかも後続に6馬身の差)なら、悪くないと考えたのだ。

また、前走の地方G3は、レベル的にまずまずの水準。上位2頭がJRAオープンで通用していた馬で、決して低レベルではなかった。

《二》近3走のつながりが無い

2走前が大敗(11着)。とくに敗因らしい敗因は見当たらない。近3走は、「4着→11着(敗因不明)→3着」となり、近3走の〝つながり〟という点では不合格だ。

ただ、今回、休み明けで、「帰厩してからの状態が〝凄く〟いい」という談話があった。『凄く』を付けるぐらいだから、よほどデキがいいのだろうと推測。近3走のつながりこそ希薄ではあるが、その他(斤量、適性、前走内容)は申し分ない。何よりこのオッズ(30倍超)は魅力大。総合的にみて勝負する価値はあると判断し、◎抜擢に至ったのである。

素質馬を破格のオッズで購入できるタイミング

◎サトノアラジン——安田記念　12・4倍　1着

ポイント1 素質馬

もともとこのサトノアラジンは将来を嘱望された素質馬だった。市場価格は1億3650万円で、父は三冠馬ディープインパクト。母はアメリカの重賞ウイナー。全姉には（エリザベス女王杯を制した）ラキシスがいる極め付きの良血だ。

実際、本馬は評判に違わぬ活躍をみせた。G2で2勝をあげ、G1でも、4着2回（ともに0・2差）の実績。G1勝利まで目前のところまできていた。

ところが、近走はパッとしない成績。近3走は、5着→7着→9着。この冴えない近況ゆえに、安田記念では人気薄のまま放置されていたのである。一方で、近3走の『着差』に関して言えば、0・3差→0・4差→0・4差と僅差には走っていた。僅差には走っていたので、些細なこと（進路取り等）で順位を上げていた可能性がある。早速、私はこのサトノアラジンの近3走を精査することにした。その結果…この近3走には『明確な敗因』が存在した。

ポイント2 近3走は明確な敗因あり

■1走前　京王杯スプリングカップ 9着

敗因1『道悪』

前走の京王杯スプリングカップ（9着）は、『重馬場』だった。このサトノアラジンは、大トビでダイナミックなフォーム。以前、重馬場のレースで「何度もノメッていた」という騎手の談話があったぐらい。ハッキリ重馬場は苦手なタイプだ。

敗因2『折り合いを欠く』

さらに、前走は『極端なスロー』。前半1000m通過が60・6秒という、中距離並みに遅いペースだった。(ただでさえ引っかかりやすい休み明けで）超スローだったため、この馬にしては珍しく折り合いを欠いた。

敗因3『直線で窮屈』

直線前半まではグイグイと伸びてきたが…途中で窮屈な形になり、勢いが削がれる結果に。不器用なタイプだけに、このように急ブレーキをかける形だと厳しい。内枠がアダになった格好だ。

■2走前　香港マイル 7着

敗因『モタれる』

2走前の香港マイル（7着）も、直線ではよく伸びていた。だが、「これから」というところで、内にモタれてしまったのが痛い。※モタれると追いづらくなり、速力が落ちる。

モタれを矯正するロスが大きく、ようやく立て直したときには、すでに大勢の決した後。この香港マイルは、まともなら（モタれなければ）3着ぐらいはあっただろう。

■3走前　マイルCS 5着

敗因『寄られる不利』

3走前のマイルCS（5着）も、まともなら3着はあったレース。直線、ラストで寄られる痛恨の不利があった。

このように、サトノアラジンの近3走を精査していくと、どのレースにも明確な敗因が存在した。見た目の着順こそ悪いが、決してレース内容は悪くない。5着→7着→9着という近走成績だったが、（私の主観で言うと）実質的には3着→3着→4着ぐらいの価値はあった。少なくとも不振に陥っていた訳ではなかった。

ポイント3 外枠は大きくプラス

サトノアラジンは、〝重戦車タイプ〟。エンジンのかかりは遅いが、その反面、一度エンジンが点火すると、カンタンには止まらない。他馬が失速する最終局面で、この馬だけは、グイッと勢いを増す。そういったタイプだけに、理想は『外から差す形』。※実際、過去の重賞2勝は、ともに外から差す形だった。

今回の安田記念でサトノアラジンが引き当てた枠は、『7枠14番』。同馬が最も得意とする『外差し』を決めるには、うってつけの好枠である。事実、本番では外枠から揉まれずに運び、最後は大外一閃。豪快な追い込み一気を決めた。

このように、素質馬が人気薄で放置された際には、近3走を、よく精査してみることだ。とくに大きく負けていない場合には、より綿密に敗因を分析すべきである。

手応え◎のお手本のような馬

◎ウインブライト――スプリングステークス　8.1倍　1着

ポイント1 バツグンのレース内容

この時期の3歳馬は、成長著しい。伸びる馬はぐんぐん伸びる。つい、数ヶ月前まで下級条件でくすぶっていた馬が、突如として覚醒→一気にオープンクラスまで駆け上がることも珍しくない。

このウインブライトも、ここにきて、メキメキと急成長。その成長ぶりを、如実に映し出したのが、前走の若竹賞（1着）であった。バツグンの手応え&反応—。これぞ『よいレース内容のお手本』と言えるほどの素晴らしいレース内容で後続を完封したのである。当時のレースを振り返ってみよう。

【後方から虎視眈々→3角で大外をマクる→直線、並ぶ間もなく一気に先頭→後続を置き去りにする】

この一連のアクションを〝ほぼ馬なり〟で完結させたのだから強かった。手応え、反応、ともに絶好。直線では持ったままの手応えで前に急接近し、ノーステッキで押し切った。まさに完勝である。

●3角で〝軽く〟仕掛けた程度でグーンと進出→『反応◎』。●4角では『5頭分外』を回りながら、手応えは楽→『手応え◎』。

前走は、明らかに全力を出し切っていない余力ある勝利。次走への上積みは大いに期待できた。

ポイント2 本格化の兆し

「体が緩い」「体が幼い」「体が甘い」 主戦の松岡騎手は、折に触れて同馬の〝未完成さ〟を強調していた。それは、とりもなおさず『伸びしろが残されている』ということだろう。そんな馬が、前走でまったくの大楽勝。本格化の兆しがハッキリとうかがえる内容だった。

ポイント3 適性◎

今回の中山芝1800mは、（大楽勝だった）前走と同じ。あの強かった前走と、まったく同じ条件なのだから、適性の高さには太鼓判が押せた。コーナーで、ぐんぐん加速する機動力は、まさに中山向きのソレ。前走が強く、適性も十分なら、狙わない手はない。

本番のスプリングSでは、大外を〝ひとマクり〟。まるで前走の再現VTRを観ているかのようなレース運びで押し切った。ただ、ひとつだけ違ったのは、〝馬なり〟だった前走に対して、今度は〝全力で追っていた〟こと。（余力が残っていなかったせいか）次走の皐月賞では8着に終わっている。

リンクするコースで実績あり

◎ゴールドアクター——宝塚記念　12・7倍　2着

ポイント1 類似コースで実績あり

関東馬のゴールドアクターは、当時、この宝塚記念が行われる（関西の）阪神コースは未経験だった。だが、私は、適性に関して全く不安を抱いてはいなかった。それどころか「間違いなく向くだろう」と大船に乗ったつもりでいた。なぜなら、同馬は宝塚記念と連動しやすい『中山芝コースの中〜長距離』で十分過ぎるほどの実績を残していたからである。

- ・有馬記念（中山2500m）1着、3着
- ・日経賞（中山2500m）1着
- ・オールカマー（中山2200m）1着

これらのコースは、器用さや持続力が求められる舞台。この宝塚記念とは〝密な関係〟を持つ。つまり、リンクしやすいコースなのである。

ポイント2 3角反応◎

問題は状態だった。前走の天皇賞（春）は、勝ち馬から1・1秒も離された7着。2走前の日経賞（5着）は、やや淡白な内容。かつて連勝街道をバク進し、G1ウイナーまで上りつめた充実期に比べると、やや物足りない近況だった。だが…この近況（近2走）をよくよく精査してみると、あながちダメとは言い切れなかった。

■2走前：日経賞（5着）

「お釣りを残した仕上げ」という談話。休み明けで、

0・4秒差なら許容範囲。

■前走：天皇賞・春（7着）
距離が長かったうえに、出遅れて後方から。〝3角で上がっていく脚〟に見所あり。

前走の天皇賞・春（7着）は、3角で反応し、グーンと上がっていく脚に見所があった。具体的には、道中で『後方』に待機していたのが、3角では反応よく『中団』まで位置を押し上げていた（しかも、手応えは楽）。直線のラストだけをみると、ただ〝雪崩れ込んだ〟だけに見えるが、3角では十分な見せ場を作っていたのである。

ポイント3　明確な敗因

では、なぜ、前走の天皇賞（春）は、直線で伸び切れなかったのか？　これは、『やや距離が長かった』からだろう。父スクリーンヒーローの産駒は、（モーリスを筆頭に）中距離以下で強い傾向。

また、馬体をみると、若干、胴詰まりの『中距離体型』。戦歴をみても、1年前に5連勝で挑んだ3200mの天皇賞（春）で12着に惨敗→次走、2200mのオールカマーであっさりと巻き返している。これらの血統、馬体、戦歴から、『前走の3200mは距離が長かった』と結論づけることができるのだ。

しかも、前走は終始、外々を回らされていた。ただでさえ距離が長いところに、外を回るロスが加われば余計に息は保たない。しかも、出遅れて本来の先行策が取れなかったのだから、いかにも厳しい状況だ。

●距離が長い、●外を回る、●本来の先行策がとれず。これら3つのマイナス要因がスクラムを組んで重荷となった前走は、負けて致し方なしの一戦。むしろ、見せ場を作って7着にきたことは、評価すらできるのである。

実力も適性も申し分ない馬だけに、今回は『デキの見極め』が一番のポイントになった。デキの問題さえクリアできれば、あとは何の迷いもなく◎を打てる。

このゴールドアクターのように、コースは未経験でも、

（リンクしやすい）『類似コース』の実績をみることで、適正の有無を判断できることがある。コース適性を探る際には、類似コースのチェックも怠らないようにしたい。

バレバレのスローは前に行ける馬

◎ロードヴァンドール──金鯱賞 26・4倍 2着

ポイント1 スローの単騎逃げ

この年の金鯱賞は、早い段階で、「スローペースになる」と予測できた。登録馬を見渡すと、逃げ、先行馬（前走で逃げ、先行だった馬）は、わずかに『2頭』のみ。前に行く馬が極端に少なかったのだ。

そんな折、飛び込んできたのが〝リアファル回避〟の一報だ。逃げると目されていたリアファルが、怪我のため、急遽、この金鯱賞への出走を取りやめたのである。ただでさえ、スローが濃厚とみていたところに、逃げ馬回避の報。これで私の腹は決まった。狙いは『前に行ける馬』だ。

リアファルの回避によって（前走で）逃げ、先行だった馬は、わずかに『1頭』のみとなった。そして、その残された1頭こそが、このロードヴァンドールだったのである。もし、同馬に、ここで通用の力があると判断できれば、本命はほぼ決まる。なぜなら、バレバレのスローが見込まれる際には、何よりもまず、逃げ、先行馬を最優先すべきだからだ。

ポイント2 前走は強い4着

このロードヴァンドールは「音に敏感な面がある」という話。逃げる形がベストだし、逃げなくても4角先頭が理想のスタイルだ。

ところが、前走の小倉大賞典（4着）は、その理想スタイルが叶わず。マルターズアポジーという生粋の逃げ馬がいたため、『2番手』からの競馬を余儀なくされた。

さらに、前走は、超ハイペースの展開が追い打ちをかけた。前半1000m通過が『57・6秒』。これは、（1800mの距離にしては）かなり速い。高速馬場だったことを差し引いても、明らかなオーバーペースだった。このオーバーペースを大外枠から先行し、4着に粘ったのだから大したもの。しかも、本来の逃げる形ではなく、4角先頭でもない『控える形』だから、なおのこと価値がある。重賞で通用の力があることは明らかだった。

ポイント3 開幕週の馬場

当時の中京コースは、開幕週。前回の開催が『Bコース』で、今回が『Aコース』を使用。※Aコースの使用は昨年の暮れ以来となる。

3ヶ月近く手付かずのAコースは絶好の馬場状態。この馬場状態で単騎逃げならば、強力メンバーを出し抜くことも可能と考えた訳だ。

本番では、あっさりと先手を奪い、マイペースの〝一人旅〟。粘りに粘って人気薄の2着に激走した。

このように、明らかなスローペースが見込まれる際には、まずは前に行ける馬から優先して検討すべきである。

遅咲き馬の上昇エネルギー

◎サクラアンプルール——中山記念 45.3倍 2着

ポイント1 晩成名馬の上昇パターン

豪華な顔ぶれの揃ったG2戦。だが、その看板は若干、〝見かけ倒し〟。上位馬の大半は、あくまで次走が大目標で、ここは『叩き台』という位置付けの馬が多かった。このようなレースでは、(全力投球で挑んでくる)勢いのある〝上がり馬〟が怖い。

このサクラアンプルールの戦歴は、過去の『〝晩成名馬〟特有の上昇パターン』を踏襲していた。まず、

●体質が弱く、初期の段階では止むを得ずダート路線

→●そして、体質が改善され、芝レースを使われ始めると、一気に能力が開花し軌道に乗る。

同馬の中央初勝利は、『5歳』になってからだった。5歳で、ようやく500万条件を勝ち上がり、中央での初勝利をあげた。これは、かなりの遅咲きだ。そんな遅咲き馬が、(初勝利から)わずか1年足らずで頭角を現し、瞬く間にオープン入りを果たしたのだから、凄まじい上昇度である。明らかに『晩成型』の馬と言えるだろう。

『蛟竜(こうりゅう)が淵に潜むは(時期を待ち)天に昇らんがため』※三国志の劉備が言ったとされる言葉。

うだつの上がらない時期が長くても、それは天に昇るための準備期間。雌伏(しふく)の時期が長ければ長いほど、上昇するエネルギーも凄まじいモノになる。まるで、沼の淵に潜む竜のように—。

競馬の場合も、本格化した遅咲きの馬ほど手強い馬はいない。一度ついた勢いは、とどまる所を知らない。

ポイント2 不向きな条件で好走

前走の白富士S（2着）は、文句なく高評価できる内容だった。直線『バッグンの手応え&反応』。「圧勝するのでは!?」というぐらいの勢いを感じさせたが…最後はビミョウに脚色が鈍化。インから鋭く伸びたスズカデヴィアスに、クビ差、差されてしまう。

だが、これは差されて当然である。（内枠で）インぴったりのスズカデヴィアスに対し、このサクラアンプルールは終始『外』。（不利な）東京芝2000mの大外枠発走で、かなりの距離ロスを強いられた。しかも、苦手な『超・瞬発戦』、苦手な『直線の長いコース』。普通なら、惨敗を喫してもおかしくないケースだ。それが、アワヤのシーンを作ったのだから「強い」の一言だ。不利だらけの状況でも2着に走れたのは、それだけ充実している証だろう。

ポイント3 中山向き

この馬は分かりやすい『パワー型の走法』。柔軟性は無く、硬い走り。最大の武器はコーナーでの爆発的な加速力。（小回り&急坂の）中山コースこそ、本馬のベスト条件だ。事実、（当時）中山芝コースは【3－0－1－0】のパーフェクト馬券内。2走前には（今回と同じ）中山芝1800mで、余力タップリの快勝劇を演じている。（不向きな）東京コース→（得意な）中山コース替りは大きなプラス材料だった。

血統をみると、半兄にサクラメガワンダー（09年宝塚記念2着、他重賞4勝）。牝系は、名馬サクラチトセオー&サクラキャンドル兄弟と同じ由緒ある良血。上位陣は強いが、素質、上昇度、斤量面（56キロ）等を勘案すれば、そう差はない。付け入る隙は十分と考えたのである。

真の着順をみる

◎エテルナミノル――愛知杯　11・6倍　1着

近3走は、つながり有り

このエテルナミノルは、過去に重賞レースで7戦し、7戦とも馬券圏外。3着どころか4着すらなく、重賞実績は皆無に等しかった。さらに、近3走は、1着→11着→5着とソコソコの成績。近3走の〝つながり〟も無いように思える。これでは、穴馬の領域を出ずに人気薄なのも頷ける。だが、レース内容をよく精査すれば、近3走のつながりはガッチリと強固に結ばれ、力もハッキリと通用することが分かる。

ポイント1 前走は負けて強しの5着

まず、注目は前走のターコイズS（5着）だ。このターコイズSは、負けて強しの一戦だった。

・出遅れて（本来の）先行策が取れず
・勝負どころで早めに動く
・4角で『5頭分外』を回って見せ場十分

前走は、スローペースの展開を早めに動き、4角では『5頭分の大外』を回る形だった。これで0・1秒差の5着なら十分強いと判断できる。なぜなら、スローペースの場合、勝負どころで外を回すと、（ただでさえ、速い脚が求められる中で）他馬以上に速い脚を要求され、脚が上がりやすくなるからだ。しかも、出遅れて後方から。勝負どころでは早仕掛け。これで大崩れせずの5着なら、もし仮に、ロスなく普通に乗れていれば、勝ち負けに持ち込めただろうと推測できるのだ。

ポイント2 エリザベス女王杯は一定の評価

では、2走前のエリザベス女王杯（11着）はどうか？このエリザベス女王杯は、止むを得ない敗戦だった。距離が長かった上に、外を回らされるロスあり。さらには、インが有利な馬場で（伸びない）外を通る形。これでは、逆立ちしても好走はムリな状況だ。

まず、当時は『大外枠（18番枠）』からの発走だった。そのため、道中では、終始、3頭分外を回らされるロスがあった。おまけに、『インが有利な馬場』。※インを突いたモズカッチャンが優勝。インで粘ったクロコスミアが人気薄で2着。外から伸びたのは3着ミッキークイーンのみ。インが有利な馬場で外を回せば、当然、厳しくなる。

4角で早めに動き、最後は失速。だが、この失速は（不利な）外を通ったうえに、距離適性オーバーというダブルパンチを食らってのもの。G1戦で見せ場を作ったことを考慮すれば、一定の評価を与えられる内容だった。

ポイント3 3走前の上がりタイムは超優秀

そして、今回、◎を打つ最大の決め手となったのが、3走前の1600万条件・八坂S（1着）だ。この八坂Sでは、『先行して上がり1位をマーク』。スローで展開が向いたとは言え、直線では一方的に差を広げる独壇場で、終わってみれば『5馬身差の圧勝』だった。

自身の上がり3ハロン『34・4秒』は、（馬場状態を考えると）かなり速い。（同日のスワンSを制した）サングレーザーの上がり（＝34・8秒）より0・4秒速かった。短距離G2を制した追い込み馬よりも速い上がりを使ったのだから、極めて優秀なレース内容だったと言えるだろう。

ポイント4 5走前はハイレベル戦

5走前の垂水S（2着）も、注目に値する。勝ったのは、G1級の素質馬シルバーステート。3着は、のちに重賞を連勝することになるタツゴウゲキ。そして、（4着以下の）後続には『3馬身半』もの決定的な差をつけていた。
一連のレース内容を観察すると、今、メキメキと急激に力をつけているのは間違いない。実績こそ乏しいが、牝馬限定のG3、それもハンデ戦ならば十分通用すると考えた訳だ。

このように、パッと見の成績はイマイチでも、実は好内容が続いている場合がある。うわべの着順ではなく、（レース内容を精査したうえでの）『真の着順』をみることが肝要だ。

妙味ありのリピーター

◎ジュールポレール――ヴィクトリアマイル 19・4倍 1着

ポイント1 リピーター

ジュールポレールは、去年のヴィクトリアマイルで3着に好走したリピーター。当時は、苦手な重馬場だったが、しぶとく伸びて3着に食い込む健闘を見せていた。※同馬は、軽い走りで『良馬場の切れ勝負』がベスト。過去、重馬場のレースで「ノメっていた」「こんな馬場はもうひとつ」という鞍上の談話もあった。

去年のヴィクトリアマイルは、仮に良馬場なら、もっと上の着順を目指せていただろう。

ポイント2 近2走は敗因あり

近2走は16着→5着とイマイチだが…。2走とも明確な敗因あり。

■1走前　阪神牝馬S（5着）
『5ヶ月の休み明け』で、十分な見せ場

■2走前　エリザベス女王杯（16着）
『距離適性オーバーの2200m』

まず、2走前のエリザベス女王杯（16着）は、明らかに距離が長かった。本馬は典型的な『マイラー体型』。兄のサダムパテックは、マイルCSの覇者。ベスト距離は1600mで、（エリザベス女王杯の）2200mは、この馬の距離適性を、はるかにオーバーしていた。

さらに、（外枠発走で）終始、外を回る形（しかも、インが有利な馬場）。これでは、どうあがいても好走は不可能な状況だ。（2走前の）エリザベス女王杯の大敗は、完全に度外視できる1戦だった。

ポイント3　前走は見せ場十分

前走の阪神牝馬S（5着）は、直線前半までグイグイと伸びてきたが、最後に甘くなった。つまり、〝好走できそうだったのに凡走した〟。これは、いかにも休み明けが響いた負け方で、まったく悲観する内容ではない。最後に甘くなったのは、休み明けでガス欠を起こした分。十分な見せ場を作っており、デキは充実している可能性が高かった。

ポイント4　上位人気でもおかしくない素質馬

3連勝後→G2（3着）→G1（3着）。これまで輝かしい戦歴を残してきた。普通なら上位人気でもおかしくない素質馬だ。それが、わずか2戦の凡走によって人気が急落だから、妙味がある。しかも、その2戦には明確な敗因があるのだから尚更だ。

「昨年に比べてデキは数段上」という陣営の談話。調教では、自己ベストに近いタイムを連発。休み明けをひと叩きされ、デキは確実に上向いていた。

当時は、まったくの人気薄だったが…素質、デキ、適性、三拍子が揃ったジュールポレールに勝機は大いにあるとみた訳だ。

ただ、問題は『雨』だった。週末は雨予報。この馬は良馬場の切れ勝負がベストで、雨が降って泥んこ馬場になるのは避けたかった。結果的にGOサインを出した理由は、レース直前まで、なんとか天気は保ちそうだったこと。さらに、この週の東京芝コースが『高速馬場』だったことだ。

前日に行われた京王杯スプリングCがレコード決着だったように、東京芝コースは、かなり速い時計の出る高速馬場だった。この高速馬場なら、直前に多少、雨が降ったとしても、そう重い馬場にはならないだろう、と判断。※実際、午後に入って雨が降って稍重になったが、勝ちタイムは『1・32・3』という例年と変わらない水準だった。

他のリピーターを選ばなかった理由

ちなみに、この年のヴィクトリアマイルには、（ジュールポレールの他に）リピーターが2頭、参戦していた。その2頭とは、アドマイヤリードとデンコウアンジュだ。私は、結果的に、この2頭を選ばなかったのだが、その理由も記しておく。

まず、昨年の覇者アドマイヤリードだ。同馬は、たしかに去年快勝したのだが、このときは鞍上ルメール騎手のファインプレーが大きかった。後方からインをロスなく回り、直線では、いつの間にか（馬場のキレイな）外に出していた。一番、理想のルートを、寸分違わずなぞる〝神騎乗〟で、「もう一度やれ」と言われても無理なほどの会心の騎乗だった。仮に今回、人気薄なら狙ってもいいが、2番人気では食指は動かない。

もう1頭のリピーター、デンコウアンジュは、成績がムラ過ぎだ。全成績の複勝率は（当時）25％しかなく、これでは全くアテにできず本命にはしづらい。※対照的にジュールポレールの複勝率は69％だった。

このようにリピーターの候補馬が複数いる場合には、（過去の同レースの）内容や、人気妙味、素質、近走のレース内容などを勘案しながら、選りすぐるとよい。

東京コース向きの切れる馬

◎ワグネリアン――日本ダービー　12・5倍　1着

ポイント1　東京コース向き

このワグネリアンは、かなり個性の強い馬。ブロックを積み重ねたサイボーグのような馬体。〝竹馬〟のような突っ張った独特のフォーム（器用さは皆無）。コーナーワークが下手で、コーナーで勢いをつけられない。（切れタイプなので）タフな馬場もダメ。いろいろと注文がつくのだが…。その代わり、末脚の破壊力は世代随一。一度、エンジンが点火すると、みるみる勢いを増し、真一文字に突き抜ける。

ポイント2　ダービー目標

前走の皐月賞（7着）は、不向きな『小回り＋急坂』の中山コース。しかも、緩い馬場で「グリップが効きづらかった」という話。末脚不発に終わったが、これは仕方のない面があった。

「新馬を勝った時点で、ダービーを目標に設定し、そこから逆算してローテを組んできた」　ワグネリアンを管理する友道調教師は、早い段階で同馬を『東京コース向き』と評定。目標をダービー1本に絞って調整を進めてきた。したがって、前走の皐月賞はダービーに向けての『前哨戦』のような位置付け。特段、勝負度は高くなく「獲れればラッキー」ぐらいに考えていたに違いない。実際、皐月賞とダービーでは、調教の中身が『雲泥の差』。

- **皐月賞……一杯の調教『1本』**
- **ダービー……一杯の調教『3本』**

明らかに、ダービーの方が調教が強く、熱が入っていた。ハナから（適性不向きな）皐月賞は眼中になく、ダービー照準であることが、容易に想像できたのだ。

ポイント3 切れ味勝負なら強い

デビュー戦で、いきなり『上がり32・6秒』をマーク。野路菊Sでは『上がり33・0秒』で2馬身半差の快勝。東京スポーツ杯2歳Sでは、シンガリに近い位置から、楽々と『3馬身』突き抜けた。末脚の破壊力は超一級品。長い直線の切れ味勝負なら、（同世代では）ワグネリアンの右に出る者はいないだろうと評価していた。

今回、外枠の『17番』を引き、友道調教師は「最悪だな」とコメント。ダービーは内枠有利の傾向にあり、この外枠を引いたことで世間の評価は一気に下落した。だが、私は、（同馬は不器用なタイプなので）内枠よりは、はるかにマシと考えていた。これまでの実績は少頭数に偏っており、ゴチャつくのだけは避けたいところ。外枠はプラスではないが、極端なマイナスでもない。この外枠が致命傷になることはない、と判断した。

攻めを強化し、（得意な）東京コース替わり。能力は高く、血統も一流。このワグネリアンこそ、ダービー馬に最も相応しいと考えたのである。

余談だが、鞍上の福永騎手にとって、今回人気が無かったことは、大きくプラスに作用したと思う。福永騎手は、この時点で、まだダービー未勝利。もし、（皐月賞で結果を残し）1番人気になっていたら、重圧はより厳しいものになっていただろう。だが、皐月賞で負け、ダービーでは外枠を引いて人気はガタ落ち。気楽な立場になったことで、結果的に思い切った騎乗ができたことも勝因の一つだったと思う。

chapter 6

馬券師マインドセット編

chapter 6 馬券師マインドセット編

二次的思考で勝利せよ

皆と同じ思考では勝てない

「強かった」から買い。「不利があった」から巻き返す。このような単純な〝一次的思考〟では（長期的に）勝つことは、まず不可能だ。なぜなら、その馬が強いことなど、皆、先刻承知。成績やレースVTRをみれば、どんな素人でも『強い』と分かるからだ。『不利があった』としても、そんなことは、とうの昔に知れ渡っている。そんな誰でも分かることで勝てるなら、今頃、周りは〝馬券長者〟であふれ返っていることだろう。

だが、実際は、誰でも分かることは強力な武器にはなり得ない。なぜなら、（その馬が強いことは）すでにオッズに織り込み済みであり、仮に的中しても相応のリターンしか得られないからだ。※相応のリターンしか得られなければ、控除率の分、確実に損をする計算になる。

（世間一般に知れ渡り）コモディティ化した情報にパワーはなし。抜け日なくオッズに織り込まれ、『妙味の無さ』という形で跳ね返ってくる。

バレバレの穴では儲からない

これは、なにも、人気馬に限った話ではない。『穴』の場合でも当てはまる。皆が、それと分かる穴パターンでは、妥当なオッズしかつかないので旨味はない。

たとえば、前走で〝明らかな不利〟があって凡走した馬がいたとしよう。この場合、『凡走したのは不利があったから』ということは、すでに大勢が知っている。つまり、周知の事実だ。したがって、その不利を根拠に馬券を買ったところで、長期的には儲からない。仮に人気薄でも、それは（大抵）不利を織り込んだうえでの人気薄。不利を織り込んだ上でなお、「凡走するリスクが高い」と大勢がみている訳だ。要するに、バレバレの穴では儲からないということだ。

二次的思考で勝負する

強かったから買い。不利があったから巻き返す。このような底の浅い〝一次的思考〟では、まず勝てない。勝つためには〝二次的思考〟で挑む必要がある。では、二次的思考とは、一体、どういった思考なのか？ それは、『周りとは異なる深い考察』のことだ。ヒントとなるのが、ある株の本に書かれた以下の記述だ。

《「これは良い企業だから、株を買おう」というのが一次的思考。一方、「これは良い企業だ。ただ、周りは偉大な企業と見ているが、実際にはそうではない。この株は過大評価されていて割高だから売ろう」というのが二次的思考である。

「経済成長率は低下し、インフレ率は上昇する見通しだから、持ち株を売ろう」というのが一次的思考。一方、「景気見通しは悪いが、ほかの投資家はみなパニック売りしている。今が買いどきだ」というのが二次的思考である。》

※ハワード・マークス 著 『投資で一番大切な20の教え』

お分かりだろうか？ 一次的思考は、「よい会社の株だから買う」という、ごく一般的な見方でしかない。誰でも思いつく凡庸なアイデアだ。

一方、二次的思考は、「よい会社にみえるが、実際は、そうでもなく、すでに割高なので売り」としている。大多数の見解とは異なる〝独自の見方〟をしていることが分かる。これが、二次的思考である。

二次的思考は、たんに周りとは違う「あまのじゃくになれ」という意味ではない。周りとは違い、かつ、（なるべく）正確でなくてはならないのだ。

二次的思考のスタンスで競馬を予想するには、まず、

①周りの意見を疑ってみる
②周りが見逃しているものに目を向ける

というステップを踏む。

①周りの意見を疑ってみる

まずは『人気馬』に対して、疑いの眼差しを向ける

ことから始まる。人気馬に対しては、(少なくとも最初のうちは)肯定的な見方をしない。最初から肯定的な見方をすると、盲目的にその人気馬を信用してしまい、結局、皆と同じ思考回路で、同じ末路をたどるハメになるからだ。

まずは、(1番人気の)マイナス面に目を向けよう。

・近3走の内容は、1番人気に相応しいものか?

・適性は大丈夫か?

・調整に手抜かりはないか?

これらを、まるで容疑者を問い詰める検察官のように厳しくチェックしていく。

②周りが見逃しているものに目を向ける

逆に、『人気薄の馬』に対しては、肯定的な見方から入る。

・(凡走した場合)何らかの敗因があるのではないか?

・なんとなく軽視されているだけでは?

・適性が向くのでは?

その穴馬を弁護する〝弁護士〟になったつもりで、好走の可能性がないかを探っていく。

例 キタサンブラックの宝塚記念

17年の宝塚記念で1番人気9着と人気を裏切ったキタサンブラック。同馬はこれまで11戦連続で3着内と、バツグンの安定感を誇っていた。「これだけ安定しているなら、少なくとも馬券内は堅いだろう」「とりあえず軸はこの馬で決まり」これが、一般的な見方であり、一時的思考による安直な結論である。

一方、二次的思考論者は、ここで立ち止まる。結論を焦らず、「本当に死角は無いのか?」と盲点を探す。すると、次のような不安要素が浮かびあがる。

■レコード決着

まず、前走の天皇賞(春)は『レコード決着』だった。

ただでさえ、疲労が溜まりやすい長距離戦。レコード決着だと、ダメージは甚大だ。

また、データ的にも、（過去10年で）前走、天皇賞（春）1着馬は、宝塚記念で勝ち馬はゼロ。同様に天皇賞（春）2着馬も、勝ち馬はゼロ。天皇賞（春）で好走した馬は、宝塚記念で大不振の傾向にあった。

■大阪杯がG1に昇格

キタサンブラックは、『大阪杯→天皇賞（春）→宝塚記念』というローテで挑んできた。このローテは（3着に好走した）1年前と同じ。一見すると、隙のない鉄壁なローテに思える。

だが、（2走前の）大阪杯は、この年からG1に昇格。G2だった1年前に比べると、メンバーは強化され楽ではない。（休み明けだが）G1なので、しっかりと仕上げる必要があり、『先を見据えた仕上げ』という訳にはいかない。

（1年前と同じ）『大阪杯→天皇賞（春）→宝塚記念』というローテでも、余力度には大きな隔たりがあったのだ。お釣りが残されていない分、決して盤石の1番人気とは言えない。これが二次的思考による推察である。

逆張りには根拠が必要

このように、まずは一般的な見方を疑うことから始まる。

■人気馬⬇本当に信頼に足るのか？
■穴馬⬇本当に穴の評価が妥当なのか？

大多数の意見が本当に正しいかどうかを、様々な角度から検証していき、独自の見方で正否を判断する。そうした作業の結果、「どうやら世間の評価は間違っている」と気づいたとき、ようやく他者よりも利益を得るチャンスが訪れる。※ただし、大抵は大多数が正しいのだから、大多数を否定するにはしっかりとした〝根拠〟が必要。根拠のない逆張りは、ただの〝あまのじゃく〟である。

chapter 6 馬券師マインドセット 編

場の空気に逆らう

〝場〟の空気は恐ろしい。意識しなければカンタンに流される。「いや、オレは流されない」と思っていても、◎印がズラッと居並んだ馬柱の圧力には敵わない。知らず知らずのうちに「よい馬である」ことが、脳内に刷り込まれ、盲目的にその人気馬を信用するようになる。そして、ようやく目が覚めるのは、その人気馬が馬群に沈んだとき。まるで〝パチン〟と指を鳴らされ、催眠から解き放たれるように、ハッと我に帰るのである。

だからこそ、冷静になって立ち止まるべきなのだ。「ちょっと待てよ」「本当に正しいのか？」と。周りに流されず、注意深く観察し、熟考する。偏見や思い込みを捨て、正当な評価を下す。このような二次的思考を経て初めて、人と違った結果が得られるのである。

前回◎を打った馬を再考せよ

飼い犬に手を噛まれる理由

こんな歯がゆい経験はないだろうか？　自分が〝ひいき〟にしている注目馬が、馬券購入時（太く勝負したとき）には『凡走』。（1円も買っていない）未購入時には『激走』。あれほど目をかけてきた自分の注目馬なのに、たまたま馬券を買っていない時に限って走られてしまう。

直線でグイグイと勢いよく伸びているのが、（かつての）自分の注目馬。「しまった…！」と思うのだが、あとの祭りだ。

自分が追いかけてきた注目馬にやられたときほど、

口惜しいものはない。たしかに、その馬は自分が注目していた注目馬だった(※過去形)。本来、買えたはずの馬だった。それなのに、なぜ、こうも、あっさりと軽視してしまうのか? その理由は『温度差』だ。

前回◎を打った理由を思い出せ

前回、●●な強調材料があって「絶対走る!」と自信があった注目馬。当時は、かなり〝熱かった〟はずだ。ところが、(思惑通り走らず)凡走すると、その熱は一気に冷める。(よほどの不利があったケース等を除いて)時が経てば経つほど、熱は冷めていく。そうして、ついには、◎を打った理由すら忘れていく。ここが問題なのだ。

次に出走してくる頃には、その注目馬に対しての(前回と今回の)〝温度差〟はかなり広がっているはずだ。前回あれだけ熱をあげた、あの熱い強調材料をスッキリと忘却。「前回、狙ったけどダメだったからなぁ」と、ダメだったイメージのみが先行する。その結果、カンタンに軽視してしまう訳だ。

立ち止まれ!

しかし、ここで一度、立ち止まるべきだ。「なぜ、前回◎を打ったのか」、その理由をもう一度よく思い出してみるのだ。すると、「そういえば、2走前の脚は際立っていたな」とか、「ずっと不利な展開で好走してたんだっけ」といった具合に、その馬の長所を思い出す。次第に、冷めていた熱が戻ってくる。

これは、『恋愛』に例えると分かりやすいかもしれない。たとえば、昔、好きだった異性にしばらく会っていないと、だんだんと熱が冷めてくるだろう。疎遠になり、次第にコールドな状態に陥る。だが、また、何回か会っているうちに、(長所を思い出したりして)感情の熱が温まってくる。その結果、ヨリを戻すこともある。これと一緒だ。

前回◎を打った状況に立ち返ることで、(前回と今回との)〝温度差〟が縮小し、適正な温度が戻るのである。つまり、正当な評価が下せるようになる。

とにかく、『もう一度、注目すること』。もう一度、前回◎を打った理由を、よくよく思い出してみるのだ。

前回◎を打ったからには、それなりの理由があったはず。まずは、その理由を再認識すべきだ。

敗因を分析する

◎を打った馬の敗因を、毎回キチンと分析することだ。そうすれば、自分の注目馬を（激走したときに限って）買い損ねる、といった悲劇を招かなくて済む。

私の場合、ノートに必ず『敗因』を書くようにしている。●レースVTRを見直し、不利等がないかを確認。●馬場や展開の影響を見極める。●騎手コメントをチェックする等。自分なりに敗因を分析し、敗因を掴んでおくといい。敗因が明らかな場合、次回、◎候補となる。

塞翁が馬

自分の本命馬が凡走したら、たしかにその時は悔しいし、一時的に恥をかくこともあるだろう。しかし、その敗戦が結果的に〝吉〟と出ることもある。人気を落とした次走で、（前回とは比べものにならないほどの）熟した果実をプレゼントしてくれることもあるからだ。

また、「なぜダメだったのか」を分析することで、その敗戦は必ず糧になる。次回からは同じ轍を踏まなくて済む。

『塞翁が馬（さいおうがうま）』という故事成語がある。その時は良いと思えることが、後々、災いを招く。その逆もまた然り。不運に思えることが、後々、幸福をもたらすことだってある訳だ。

私の場合も、◎を打った馬が、掲示板にすら載れないことがある。そのときは、悔しいし、正直メンツも丸潰れだ。だが、◎を打っていたからこそ、敗因もよくわかる。敗因を掴んでいれば、次走で臆せず狙い撃てるだろう。

前回、◎を打った馬が出走してきたら、まずは注目する。そして、前回◎を打った理由をよく思い出してみることだ。

ひとつのマイナス要素で切るな

マイナス要素は思考を停止させる

「本命馬は、この馬で決まり」と、即決できるときは、それでいい。しかし、◎候補が〝複数〟いるときには、結論を焦ってはダメだ。石橋を叩いて渡るように、慎重に、じっくりと時間をかけて検討すべきである。

私たちが陥ってしまいがちな〝罠〟。それは「あの馬は●●というマイナス要素があるからなぁ」と、一つのマイナス要素で安易に切り捨ててしまうことだ。◎候補に残った＝何らかの『買いの材料』があるということ。魅力的な馬だからこそ、◎候補に残ったはずだ。

ところが、私たちは、あるマイナス要素を目にした途端、思考停止となり、盲目状態に陥る。（◎候補だった馬の）マイナス面ばかりが気になり始め、プラス面をすっかり忘却してしまうのである。その結果、あっさりと候補から切り離す。

（◎候補から外そうとしている馬は）本当に外してもよいのか？　マイナスと見ている要素は、実際のところ、そう、たいした影響はないのでは？　プラス面がマイナス面を凌駕しているのではないか？　これらを、よく考えてみる必要があるのだ。

ネガティブは強烈

人は、ポジティブな面より、ネガティブな面に過剰に反応する習性がある。たとえば、『部下から慕われる3つの方法』というタイトルの本と、『こんな上司は嫌われる！　〝KY部長3つの特徴〟』というタイトルの本があったとしよう。この場合、ビクンと反応するのは後者の方だと思う。ポジティブな『慕われる』という言葉よりも、ネガティブな『嫌われる』という言葉に対して、過剰に反応してしまうからである。

また、人は（断片に過ぎない）ひとつのマイナス要素で、〝全体を判断〟してしまうクセがある。たとえば、どんなに優れた政治家に対してでも、ひとつの失言や不祥事をもとに『ダメな政治家の烙印』を押してしまうことがある。『マイナス』はプラスより強烈で、印象に残る。

だが、ひとつのマイナス要素で、安易に切り捨てていると、いつか痛い目にあう。あなたが獲れていたはずの〝幻の大魚〟（太い馬券）を取り逃すことになりかねない。プラス面、マイナス面の両面を天秤にかけ、本当に切ってもよいのか注意深く〝熟考〟する必要があるのだ。

'15年菊花賞の罠

2015年の菊花賞がいい例だ。勝ったキタサンブラックは、母父が（短距離タイプの）サクラバクシンオー。この血統背景では、（長丁場の）菊花賞を乗り切るのは難しいと同馬を切り捨てた方も多かったはず。かくいう私も、「バクシンオーだからなぁ」という理由ひとつで、深く考えずに切り捨てた。

だが、●中距離以上で『6戦4勝』という実績、●手脚の長い『長距離向きの馬体』、●ロスなく回れる『内枠』●（スタミナを問われにくい）高速気味の馬場、これらを冷静に考えれば、安易に切るのは早計だった。少なくとも、ヒモには加えておく必要があったのだ。結果は、単勝オッズ13・4倍で1着。

プラス面とマイナス面を天秤にかける

「ブレインダンプしろ」私の師匠、馬券師Xがログセのように言っていた。ブレインダンプとは、頭の中にある全てを出し切ること。（◎候補の）考えうる、ありとあらゆるプラス面、マイナス面をノートに書き出せ。脳が悲鳴をあげるまで、すべてを書き尽くすように、と言っていた。そうして、プラス面、マイナス面の両面を天秤にかけた上で、冷静にジャッジを下すようにと。

何の不安材料もなく全てが磐石な馬は、そう滅多にいない。大抵、どの馬も1つか2つはマイナス要素を抱えているもの。したがって、ときにはマイナス要素を承知の上で◎を打つべき局面も来るだろう。

そのマイナス要素は、本当に致命的か？　マイナス要素を打ち消す要素はないか？　プラス面がマイナス面を上回っていないか？　ひとつのマイナス要素でダメだと即決するのではなく、もう一度プラス面を慎重に確認してから、結論を出しても遅くはない。※人気薄の場合はとくに。細かいマイナス要素を気にして大魚を捕り逃すほうが痛い。

勝負馬が負けたシーンを想像してみる

なぜ、危ないと分かっている橋を渡るのか？

「絶対に勝つ」「鉄板だ」　このように、レース〝前〟は、やたらと強気一辺倒。ところが、レース〝後〟になると「やっぱり厳しかったか」と、やけに納得。勝負馬が凡走したことに、すんなりと納得している自分がいる。皆さんも、そんな妙な経験をお持ちではなかろうか？

レース後になって「やっぱり厳しかった」と思うぐらいなら、（本来なら）レース前の段階で、その勝負を思いとどまるべきなのだ。それなのに、なぜ、私たちは、きまって〝強行突破〟してしまうのか？　その理由は、勝負馬の『プラス面』だけに目を向けているからだろう。プラス面に魅了され、マイナス面には目を背けている。「買いたい」という衝動を抑え切れずに、一種の盲目状態に陥る。

《私たちは、好ましい出来事が起きる確率を過大評価し、好ましくない出来事が起きる確率を過小評価する傾向にあります。～中略～　すなわち、私たちは現実

的というよりも楽観的なのですが、このことに気付いていません。》

※ターリ・シャーロット TED.com『楽観主義バイアス』より

私たちは、(ことレース前に限れば)あまりにも楽観的であり、強気過ぎるのである。

内心では危ないと分かっている

レース後に「やっぱり厳しかった」と感じるのは、自分でもその馬のリスクについて、薄々勘づいているからだろう。(戦前の段階で)すでに心の奥底では「その馬は危ない」と分かっている。だから、いざ勝負馬が凡走しても驚かないし、違和感もない。むしろ、「やっぱりダメだったか」とすんなり腹落ちするほどである。

では、なぜ、人はレース前だと、いつもに増して楽観的になってしまうのか? その原因は『感情』だ。勝ちたい、儲けたいという感情(欲)が、人を愚かにさせるのである。人は感情が動いていると、一時的にIQが下がるという。

たとえば、衝動買い。「欲しい」という衝動にかられ、感情が動くと、つい余計な物まで買い込んでしまう。※とくに(限定●個とか、いつまでの期間限定というふうに)限定性を押し出されると弱い。それで、あとになって、「これは、いらなかった」と後悔する。

競馬の場合も、(買うか、買うまいか、迷っているときに)「締め切り5分前」のアナウンスが流れた瞬間に猛ダッシュだ。「もし、買わずに見送った馬が激走したら大損だ」などと感情が動き、居ても立ってもいられず、買う必要のない馬券まで購入してしまう。

また、もともと自分が『好意的にみている馬』に対しては、ポジティブで甘い見立てとなってしまいがちだ。たとえば、過去に的中させたことがある馬などは、どうしても愛着が湧き、〝ひいきの色眼鏡〟でみてしまう。情報を集める際も、(無意識のうちに)その馬にとって都合のよい情報ばかりを集めて、不都合な情報には目をつむる。人は『自分の見たいものしか見ない』習性のある生き物だ。

このように、私たちは、感情が動いているときや、偏見を持っているときには、冷静な判断が下せない。感情が動くと、本能をつかさどる『動物脳（ハ虫類脳）』が強く働き、動物的で単純な思考に陥ってしまうからだ。

だから、まずは頭をクールダウンさせ、冷静さを取り戻す必要がある。「勝ちたい、儲けたい」という欲をグッと抑え込み、『人間脳』を正常に機能させる必要があるのだ。

その馬が負けたシーンを想像してみる

この勝ちたい感情を抑制し、冷静さを保つ秘訣は、〝弱気になること〟。多くの競馬ファンは（レース前に限れば）やたらと強気だ。強気すぎる。とくに（自分のひいきにしている）注目馬に関しては、プラス面ばかりに目を向け、マイナス面は見て見ぬフリ。希望的観測に基づいて馬券を買ってしまう。

このような盲目状態を防ぐには、『その馬が負けたシーンを想像してみる』といい。すると、「やっぱり距離が長かったな」とか、「ちょっとこのクラスでは厳しかった」というふうに、冷静に敗因をあげられるようになる。さっきまで「勝ちたい」という欲で、オーバーヒートしていた脳ミソはスーッと冷却され、正常な思考を取り戻すのである。

敗因が思いついたら

その馬が負けたシーンを想像してみた。このとき、「イマイチ負けるシーンが想像できない」というときは、〝買い〟である。なぜなら、死角が無い（可能性が高い）からだ。

では、（何らかの敗因があり）負けるシーンが想像できたときは？　このときはジックリと考えてみる。敗因が思いついたからと言って、即、消す訳ではない。※『ひとつのマイナス要素で切るな』の項を参照。　その思いついた敗因は、本当に敗因となり得るのかを、よく見極める必要がある。また、（敗因が思いついても）プラス面や人気との兼ね合いで『買い』となるケースもある。

思いついた敗因は、『リスク』と言い換えることができる。リスクとリターンは表裏一体であり、そのバランスで判断するもの。少々、リスクがあったとしても、それを上回る買いの材料やリターンがあるのなら、買いとなる訳だ。リスクとリターンを天秤にかけ、トータルで合理的に判断すべきだ。

そのためにも、まずは一旦、『その馬が負けたシーンを想像してみる』（その後、勝ったシーンも想像してみるといい）。このような手順を踏めば、感情に流されず、冷静なジャッジが下せるようになるはずだ。

翻って、自分が『軽視している馬』に対しては、一旦、その馬が『勝つシーン』を想像してみるのも有効だ。勝つシーンを想像すると、安易に切り捨てるのは危険だと分かるときがある。これまで軽視していた馬の見方がガラリと変わり、一転して本命候補に躍り出ることさえある。要するに、『自分の考えとは真逆の結果を想像する』ことが有効だ、という話だ。

資金管理を徹底しろ

弟が犯した資金管理の過ち

私の弟（パチンコ中毒）が、力なくつぶやいた。「1パチで勝った儲けを、4パチで全て溶かしちゃったよ…。アニキ、頼む、金貸して。25日に返すから」

私の弟は、普段、（4円パチンコは打たずに）1円パチンコを主戦場にしている。1円パチンコの方が1玉の単価が安く、長く続けやすいからだ。※1円パチンコ…貸玉1玉1円　※4円パチンコ…貸玉1玉4円

弟は、一進一退を繰り返しながらも、なんとかプラス収支を維持していた。ところが、ある日、弟は1円パチンコで大勝。一時的に〝ふところ具合〟がよくなっ

た。すると、とたんに強気になり、（普段は打たない）4円パチンコの台へと乗り出した。4円パチンコは当たるとデカいが、1玉の単価が高く、負けると大損の危険をはらむ。弟は熱くなって、次々に諭吉（1万円札）をパチンコ台左部の投入口へと滑り込ませた。その挙句…。これまでの儲けをすべて吐き出し、あれよあれよという間にマイナス収支へ転落してしまったのだ。

投資額を一定に保つ

私の弟は、リスク管理というものを全く理解していなかった。『資金は細かく分割する』『1回に勝負する金額は（基本）一定』賭け金は、細かく分割した上で、（ある程度）一定額を保ち、リスクを分散させる必要があるのだ。いきなり、ドカンと単価を上げたり、（負けたときに致命傷を負うような）大勝負は避けるべきなのだ。

賭け金を一定にする理由は、突如、金額を上げると、（全体の収支に対して）その部分の比重が大きくなり過ぎるからだ。厚く張ったレースの結果が、トータルの収支を大きく左右することになる。これでは、（過去に行った）他の勝負は意味をなさなくなり、1回の大バクチの結果次第で、年間の収支が天国にも地獄にもなり得る。つまり、『運』の要素が強くなってしまう訳だ。

お分りだろうか？　長い期間をかけて、コツコツと1円パチンコで積み重ねてきた成果が、一瞬のうちに（4円パチンコで）パーとなってしまった私の弟の事例を思い出して欲しい。太く勝負したときに首尾よく勝てればいいが、運悪く負ければ、それが致命傷になりかねない。自信があるからと言って、ドカンと太い勝負をするのは、あまりにもリスクが大き過ぎるのだ。これでは、長い目でみて、確率の中で勝負できなくなる。仮に、（全体的にみれば）良い予想ができたとしても、大勝負した（いくつかの）レースを外したがために、結果的にマイナス収支で着地することもあり得る。野球で例えるなら、長いペナントレースで優勝したのに、短期間のクライマックスシリーズで敗退してしまったような状態だ。

タートルズの資金管理術

（伝説の投資集団）タートルズは、1回の取引における損失を『全資金の2％まで』に収まるよう調節していたという。これにならえば、競馬の場合も、1レースあたりの金額を、全資金の2％以下に抑えるべきではなかろうか。的中率の低い競馬の性質を勘案すれば、『1％以下』に抑えるのが無難だろう。

仮に年間で50万円の資金が用意できるなら、1レースあたりの金額を5000円以下にまで抑えるのだ。自信度やリターンに応じて強弱をつけるにしても、つけ過ぎないことが肝要だ。

分散投資でプラスにする

おそらく、多くの人は、自分の許容量以上の資金を1レースの中で投下してしまっている。しかも、投資額はバラバラで、気分次第で大きく張ったり小さく張ったりしている。これではリスク管理もクソもない。

もちろん、強弱はつけてしかるべきだ。ここぞというレースで、普段より厚めに張ることで、回収率をアップさせることができる。ただ、（レースごとに）強弱をつけると言っても、程度がある。ここぞというレースにしても、長い目でみれば、的中率は〝普段より何割かアップする程度〟。必ず的中する訳ではない。自信のあるレースが外れて、自信の無いレースで的中することは、ままあることなのだ。強弱もつけ過ぎると、リスクの方が高くなってしまうのである。

競馬は、思惑通り事が運ぶのは稀。想定外のトラブルが発生したり、不如意（ふにょい）なレース運びとなるケースの方が圧倒的に多い。だからこそ、資金は細かく分割し、賭け金を（ある程度）一定に保った上で、長期間の勝負に耐えられるようにする必要があるのだ。

のるかそるか、運を天に任せた大勝負はすべきではない。長い目でみて、勝ったり負けたりの中で、ジワジワとプラス収支に持っていく、『分散投資』を心がけるべきだ。

目標の回収率は120%

回収率120%が現実的な数字

「目標の回収率は、年120%」このように聞いたら、あなたは、どう感じるだろうか？　おそらく、多くの方は「ちょっと目標が低すぎるのでは？」と感じたに違いない。私の場合、目標の回収率は年120%に設定しているが、現実的には110%強くらいに考えている。

「馬券師さん、いくらなんでも弱気すぎますよ。もっと志を高く持ちましょうよ、ね。そんなんじゃ、馬券でデッかく当てて、マンション買ったり、レクサス買ったり、タワーマンションの最上階でバスローブを巻きながら百万ドルの夜景を一望できないじゃないですか！　さらに言えば、万札の浮いたバスタブで、美女(巨乳)を何人もはべらせながらロマネコンティをたしなむ僕の純粋な夢が叶えられませんっ！」という意見が出てくるかもしれない。しかし、これ以上の回収率を望むのは止めておいた方がいい。リスクが大き過ぎるからだ。

バフェット氏のパフォーマンス

この話をする前に、まずは知っておいて欲しいことがある。それは、ウォーレン・バフェット氏のパフォーマンスだ。『株の神様』とまで言われたバフェット氏が、毎年どれくらいの成績を叩き出してきたのか？　その数字を知っておいて欲しいのだ。

「バフェットさんと言えば、黒ぶちのメガネをかけた、あの大富豪のおじいちゃんですよね。たしか、総資産が9兆円を超えているとか。あれだけの人なら、毎年4倍、5倍、いや、10倍ぐらいは増やしているんじゃないですか？」

実は、バフェット氏率いる投資会社のパフォーマンスは、年平均『20%』ほどである。200%ではなく、

20%。つまり『回収率120%』だ。平均20%強のリターンを40年近くも毎年コツコツと継続し、複利で運用することで、あれだけの莫大な資産を築いたのである。

また、巷で話題の馬券裁判男（卍氏）。彼は馬券で1億4000万円もの利益を得たが、回収率は『105%』ほどである。同様に、（5億7000万円の利益を上げた）北海道の公務員のケースでも回収率は『108%』。

あのバフェット氏でさえ、回収率120%。馬券裁判男でも105%。この現実を直視して欲しい。競馬の場合、株と違って、控除率としてあらかじめ約25%が差し引かれている。つまり、株よりも不利な条件だ。回収率200%や300%といった数字が、いかに非現実的な夢物語であるかがお分かりだろう。

「でも、僕の知り合いには、実際に、回収率が年200%を超えた人がいましたよ。それにほら、WIN5を当てて、ウン千万円を稼いだ人がいるって。あの話は嘘なんでしょうか？」

（大きく儲けた話は）別に嘘ではないだろう。ただ、そのウン千万円を稼いだ手法に〝再現性〟はあるか？と言うと、おそらく無いはずだ。たとえ彼らと全く同じ方法で予想したとしても、同じような高額馬券が当たる保証はどこにもない。なぜなら、高額馬券を獲れるかどうかは、（極論でいうと）『運』次第だからだ。

運の影響が極めて大きい。予想の実力も、もちろん影響するだろうが、その割合は決して高くはない。運＝95%、実力＝5%、といったイメージだ。運の要素の方が圧倒的に影響力が大きいのである。

現実的な数字を目標に据える

超・高額配当は、もともとの的中率が極端に低い。たとえば、百万馬券だったら、平均の的中率は0・008%くらいだ。※1点買いの場合

仮に（実力の高さで）平均の2倍当てたとしても、的中率は0・016%ほどでしかない。これは、1万回買って1回当たるかという極めて低い確率だ。こんな0・0何%という低い的中率に、果たして『実力』の入り込む余地が、どれくらいあるだろうか？

私が、超・高額配当は「ほとんど運。宝くじと変わ

らない」と述べている理由が、なんとなく、お分り頂けたと思う。

競馬人口は、数百万人と多い。これだけの参加人数がいれば、当然、中には高額配当を得る者も出てくる。宝くじにしたって、誰かが、何億という大金を手にしていることは確かなのだ。

また、年間の回収率が２００％という人は、おそらく毎年の収支が安定していないはず。ハイリスク＝ハイリターン。高いリターンを求めれば、それだけ、損をしやすいのが投資の一般原則である。

大切なのは、毎年安定してプラス収支を続けることだ。いくら回収率２００％を達成しても、翌年で溶かしてしまっては、何の意味もない。

一方で、仮に回収率１２０％だったとしても、毎年の収支が安定してプラスなら、（バフェット氏のように）複利で資産を膨らませることも可能だろう。現実的な『１２０％』という数字を目標に据え、安定したプラス収支を目指すべきだ。

常に長期的に考えろ

確率の縛り

毎週、毎週、馬券でプラス収支を計上。ＪＲＡの〝四角い箱〟から、打ち出の小槌のように褐色の帯封を無尽蔵にゲットできたなら…これほど嬉しいことはないだろう。だが、現実的には、（仮にトータルでプラス収支だったとしても）『毎週プラス』にすることは難しい。なぜなら、〝プラスにするための的中率〟には上限があるからだ。

競馬には、決まった『確率』が存在する。そして、その確率から大きく乖離することはできない。たとえば、1番人気の勝率は『約33％』。これは、もう何十年も変わらない不動の数字だ。この33％という数字を（長期的に）50％や60％に引き上げることができるか？と言うと、それは、どだいムリな話である。

（プロの予想家を含む）多くの人間が考え抜いた結果、行き着いた数字が33％なのだ。この33％を大きく飛び超えて、50％や60％の高い的中率を維持することは、現実的に考えれば不可能であろう。

■平均の確率（的中率）から大きく乖離できない

そして、この33％あたりが、『的中率の上限』なのだ。ただ、当てることだけを考えれば、もっと高い数字も可能だろうが（たとえば1・1倍の複勝など）、トータルでプラス収支を目指すのであれば、的中率30％以下が現実的な数字となる。

考えてみて欲しい。1番人気で33％程度の的中率なのだ。勝つためには1番人気ばかりを狙う訳にもいかないので、的中率はさらに下がる。具体的に言えば『15～20％』ぐらいがリアルな数字。私たちはこの確率というものをよく理解した上で、馬券を買う必要がある。

究極の選択

ここで質問がある。次のA、Bのうち、あなたなら、どちらを選択するだろうか？

Ⓐよく馬券は当たるが、トータルではマイナス
Ⓑたまにしか馬券は当たらないが、トータルではプラス

「AかBかって？　そんなのは決まっているじゃないか。〝C〟だよC。オレの選択肢はC。しょっちゅう馬券が当たって、トータルでもプラス収支ってのがハッピーに決まってるじゃないか」残念ながら、Cの選択肢はない…。

《変な表現になりますけど、的中率というのは上げ過ぎちゃいけないと思うんですよ。例えば穴を狙ってい

る人であれば15%くらいの的中率で丁度いい。的中率が30%あるのにお金がない…とか言っている人は一生負け組になってしまう恐れがあると思います。それは即ち、勝てる買い方をしていないわけですから。》

※2015年競馬王5月号　双馬毅氏のコラムより

我々としては、的中率、回収率ともに高いに越したことはない。だが、実際のところ、的中率と回収率は相反する部分があり、この2つは並び立たない。

的中率が高い＝おおむね人気馬ということ。（リターンの低い）人気馬ばかりを狙って大きく回収するのは至難の業だ。たとえば、単勝オッズ1・5倍の馬であれば、すべてを的中させたとしても、回収率は150%止まり（しかも、現実的には全てを的中させることは不可能である）。

こんな話をすると「人気薄の馬で、たくさん当てればいいじゃないか」と思われたかもしれない。しかし、忘れてはならない。そもそも人気薄の馬というのは、『他に評価されている馬が複数いる』から人気薄なのである。無論、その他の馬たちも、一定の確率で走ってくる訳だ。

どれだけ危険な人気馬に思えても、（確率はゼロ%ではなく）一定の確率では走ってくる。すると、（自身が走ったとしても）〝相対的〟に好走率は落ちてしまう。競馬というのは1頭だけで走っている訳ではなく、複数の馬がいて、その相手関係の中で着順が決まる。だから、自分より評価されている馬が多く存在すれば、当然、その分だけ好走率は落ちるのである。

もし、あなたが、1年、2年という長いスパンでプラス収支を目指すのであれば…ある程度、的中率を〝犠牲〟にする必要がある。眼前の小判（＝目先の利益）にとらわれず、長期的な視野に立って過小評価された馬を狙い続ける必要があるのだ。

人気も予想ファクターの1つ

長期的にプラス収支を達成するには、『人気の妙味』も意識しなければならない。仮に、甲乙つけがたい2頭の馬がいるなら、人気薄の馬を選択した方が、長期でみれば正解だろう。どちらも同じ好走率とみるなら、人気のない方が（長期的には）回収できるからだ。

また、仮に、AとB、2頭の馬がいて、自身の評価はビミョウにAが上だとする。だが、このAは断然の1番人気で、Bの方は、まったくの人気薄なら、あえてBから勝負をかけた方がよい場合もある。人気の妙味も、重要な予想ファクターの1つなのである。

勝ちは偶然

将棋の羽生善治さんの言葉に「勝ちは偶然、負けは必然」というものがある。勝つときは思いがけず偶然に勝ち、負けるときは負けるべくして負ける確固たる敗因があるというのだ。

競馬においても、勝つときは偶然に勝つことが多い。競馬の結果は、皆が思っているほど絶対的なものではない。ペースや、馬場、進路取り、仕掛けのタイミングｅｔｃ…ほんの些細なズレでも、結果は大きく変動する。出遅れ、不利、故障等、不確定要素も満載だ。仮に、もう一度同じレースをやり直したとしたら、まるで違う結果になっても不思議はない。

いくら渾身の予想がハマッたように見えても、後から冷静に振り返れば、（展開が向いた等）運がよかったケースも多い。競馬の結果は偶然の産物。だが、理にかなった予想を続けることで、その偶然を少しだけ変化させることができる。偶然に勝つ確率を上げて、偶然に負ける確率を下げることができるのだ。

長期的な予想と、短期的な予想の違い

（目先の利益を得るために）馬券を当てにいく買い方と、長期的にプラス収支を目指す買い方は、まるで異なる。前者は文字通り、そのレースを的中させることに主眼を置いた買い方だ。主に人気馬から馬券を買い、なるべく毎レース、毎レースのリターンを望む。短期的な結果のみを追い求めた買い方だ。

一方の『長期的にプラスにする買い方』は、短期的な結果に一喜一憂しない。負けも勝ちの一部であることを知り、あくまで長期でのプラスを目指す。「そのレースでオレは外してもいい」「長期で儲かればそれでいい」という心構えで馬券を買う。短期的には〝出

血〟することさえ、いとわない。大局的な視野に立ったスタンスだ。

そして、誰もが注目する人気馬には目もくれず、不当に人気を落としている馬、過小評価されている馬（つまり穴でない穴）に期待をかける。

私の場合、「このレースで絶対に当てるぞ」と意気込んだりはしない。むしろ、『負ける前提』で勝負している。そして「10回のうち、2～3回当てればよし」ぐらいに考えている。これくらい、心にゆとりを持って勝負しなければ、トータルでプラス収支を達成することは難しい。（近視眼的に）目先の利益ばかりを追い求めれば、結局、長期ではマイナス収支の憂き目をみることになる。

木ではなく森をみる。森全体を眺めるように、1年のスパンをひとつの塊として捉えることが大切だ。

止まない雨はない

どしゃぶりの雨もいつかは止む

これを書いている今はちょうど梅雨時。外は〝しとしと〟と雨が降り続いている。雲は、どんより。なんとなく気分も重くなりがちだ。だが、この雨もやがては止み、晴れる日がやってくるだろう（それが自然の摂理だ）。

競馬もこの天気と同じ。好調の時期もあれば、不調の時期もある。どんなに不調の時期が長く思えても、いつかはまた好調の時期が訪れる。

だが、そうと分かってはいても、不調の時期はツライ。馬券を外し続ければ、自信も揺らぐ。他人の的中報告を耳にすれば、（予想を外した）自分が情けなく、惨めに思えてくる。

だが、忘れないで欲しいのは、その雨（不振）は、必ずどこかで止む、ということだ。不振の真っただ中においては、ともすれば、この雨が永遠に降り続くように思えるときがある。お先真っ暗に思えるときがある。だが、やはり、いつか雨は止む。止まない雨はないのだ。

不振とどう向き合うか

長い競馬の戦いにおいては、悔やんでも悔やみきれない判断ミスを犯すことがある。私とて、マズい予想をして、大きなチャンスを逃したことは一度や二度ではない。そんなときは本当にやりきれない気持ちになる。思い返すたびに身悶えし、くやしさで眠れず、深夜に何度も目が覚めた。だが、もう済んだことはどうしようもない。気持ちを切り替えて前を見るしかない。

《けれども、実際に起きてしまった出来事そのものに変更を加えることは不可能であろう。過去を建設的なものにする方法は、天下広しといえども、ただ一つしかない。過去の失敗を冷静に分析して何かの足しにする—あとは忘れ去ることだ。》

D・カーネギー 著『道は開ける』より

大切なのは、不振に対して、どのような態度で向き合うかだ。騎手や馬のせいにして、「ツキが無かった」で済ませるのか。それとも、『自身を成長させるためのよい機会』ととらえるのか。

ありきたりな言葉だが、〝失敗は成功の母〟である。マズい予想をしたら、何かマズい原因がある。その原因を追求し改善していけば、以前より、もっと進化することだって可能なはずだ。

（ミホノブルボンを管理した）故・戸山為夫調教師は、『窮すれば通ず』を信条にしていたという。行き詰まって窮したときこそ、活路が開ける。窮しなければ、発展も発見もない、という話だった。

「これは成功だ」

私は目を覆いたくなるような大惨敗の後に、きまって口にする言葉がある。その言葉とは…「これは成功だ」。

仮に、本命馬がドンジリでも「これは成功だ」。ヒモ抜けで10万馬券を逃しても「これは成功だ」。ギリギリまで迷って切り捨てた馬が激走しても「これは成功だ…」。これは成功だ、これは成功だと、自分自身に言い聞かせるのだ。

「チクショウ！」と、ブチまけたい気持ちをグッとこらえ、歯をくいしばりながら、「これは、せ・い・こ・うだ…」と、絞り出すのである。

すると、「貴重な経験を得た。この経験は絶対に糧になる。糧にするぞ。（短期的には失敗かもしれないが）長期でみれば大成功だ。次はもっとよい予想をしよう」といった前向きな思いが湧いてくる。

『得意淡然（とくいたんぜん）、失意泰然（しついたいぜん）』という言葉がある。調子のいいときにはおごらず、淡々とふるまい、調子の悪いときにはゆったりと構え、必要以上に落胆しないように、という教えである。馬券が外れたからと言って、何も必要以上に落ち込む必要はない。敗因を分析し、それを未来に活かせばいいだけのこと。失敗は教訓となり、やがては自身の貴重な財産となる訳だから。

私の場合、予想が外れても（一時的には落ち込むが）すぐに気持ちを切りかえ、さっそく来週の検討に取りかかっている。そして、いかにリベンジするかに燃えているのである。

競馬でも人生でも、悪い流れのときはある。だが、いつだって「止まない雨はない」「これは成功だ」「窮すれば通ず」と前向きにやっていれば、（そのうち嵐は去り）必ず晴れる日はやってくる。だから、どんなに暗く絶望的な状況に思えても、腐らず前をみて、希望をもって歩んでいって欲しいと思う。

おわりに

最後までご覧いただき、ありがとうございました。ここまで読めば、あなたの〝馬券師レベル〟は、もう、かなりもの。『(小倉の馬券師流)免許皆伝』を言い渡したいところですが…。それは、まだ時期尚早です。

『五輪書(ごりんのしょ)』を記した剣豪・宮本武蔵は次のように述べています。「この書を読んだだけで、兵法の道が分かるはずがない。書かれたことを自分が見出した理論だと思って、常にその身になって試して工夫すべきである」「千日の稽古を〝鍛〟とし、万日の稽古を〝練〟とす」

競馬の道は、一朝一夕に極められるものではありません(私自身も、まだ道半ばです)。長い年月をかけて研鑽を積み、試行錯誤を繰り返しながら、ときには痛い目にも遭い、たゆまぬ努力の末にようやく体得できるものです。したがって、ただ読むだけでは、不十分。まずは、本書を折に触れて復習し、実戦で活用してください。本書の内容を

special thanks to

血統フェスティバル(スンイチローさん)、TAROの競馬(TAROさん)、考えるヒント(キムラヨウヘイさん)、予想家ナツの競馬予想ブログ(中田夏さん)、MUST HAVE(中恵 元さん)

しっかりと咀嚼（そしゃく）し、吸収し、完全にモノにした時点で免許皆伝です。

『守・破・離』と言います。まずは、学んだ内容を忠実に守り（守）、少しずつアレンジを加え（破）、最終的には、あなた独自の馬券術まで昇華させる（離）。ここまでくれば、私の教えることは何一つありません。よきライバルとして競馬場であいまみえましょう。

あなたが、この馬券師バイブルを活用し、馬券で稼ぐことができれば、私にとって、これ以上の喜びはありません。あなたが、素晴らしい競馬ライフを楽しみ、ひいては充実した人生を送れることを切に願っております。

最後に、私を担当してくださった（編集Aこと）赤佐敏隆さん、競馬王編集部の皆さん、デザインを請け負ってくれた雨奥崇訓さん、本書を推薦してくださった赤木一騎さん、読者の皆さん、本当にありがとうございました。

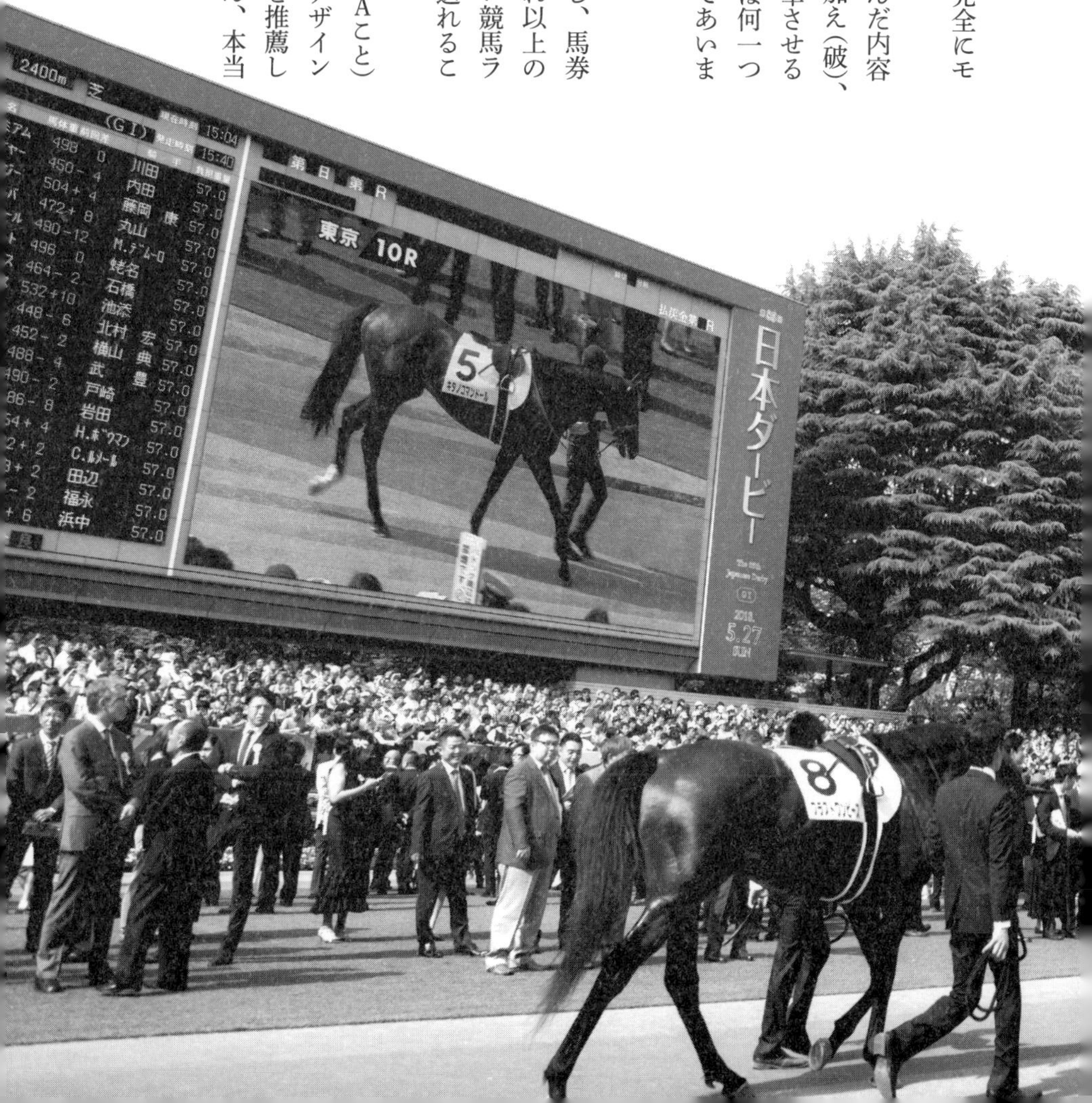

参考文献

『三国志20巻』
横山光輝 著　潮出版社

『ラッキーゲート』
TARO&「競馬最強の法則」取材班 著　KKベストセラーズ

『奇跡のVライン（競馬王確勝馬券術プログラム）』
松沢一憲 著　白夜書房

『風雲!赤木塾 -馬券で社員を喰わせる男の激闘譜』
城崎 哲 著　白夜書房

週刊ポスト2017年7月14日号　角居勝彦調教師のコラム
小学館

『孫の二乗の法則 孫正義の成功哲学』
板垣英憲 著　PHP研究所

『競走馬の科学 速い馬とはこういう馬だ』
JRA競走馬総合研究所 編　講談社

『陸上選手の仕事』
Career Garden　ホームページ　http://careergarden.jp/rikujyou/taijyuu/

『短縮ショッカー　元祖・爆走ローテーション理論』
今井雅宏 著　白夜書房

『投資で一番大切な20の教え　賢い投資家になるための隠れた常識』
ハワード・マークス 著　日本経済新聞出版社

『ターリ・シャーロット:楽観主義バイアス』
TED.com
https://www.ted.com/talks/tali_sharot_the_optimism_bias/transcript?language=ja

『道は開ける』
デール・カーネギー 著　創元社

『鍛えて最強馬をつくる』
戸山為夫 著　情報センター出版局

NHKテレビ　100分de名著　宮本武蔵　五輪書　第2回「自己を磨く鍛錬の道」

大串知広（小倉の馬券師T）

長い負け組生活の中から、馬券で勝つための真理を見出し、数々の理論をブログで発表。12年に雑誌『競馬王』にて競馬の常識を逆手に取る馬券術『休み明けパラドックス』の連載を開始し、14年には単行本「勝ちたい奴は『休み明け』を買え！～逆を張る勇気が勝利を呼び込む～」（小社刊）が出版され好評を呼ぶ。トータルのブログ、メルマガ予想の成績は◎単108％。趣味は絵画。山口県下関市在住。

競馬《けいば》で長期的《ちょうきてき》に勝《か》つための

馬券師《ばけんし》バイブル

2018年７月15日　初版第１刷発行
2022年３月14日　初版第７刷発行

著　　者　大串知広（小倉の馬券師Ｔ）

発 行 者　松丸仁

装　　幀　雨奥崇訓（oo-parts design）

印刷・製本　暁印刷

発 行 所　発行所　株式会社ガイドワークス
編集部　〒169-8578　東京都新宿区高田馬場4-28-12　03-6311-7956
営業部　〒169-8578　東京都新宿区高田馬場4-28-12　03-6311-7777
URL　http://guideworks.co.jp

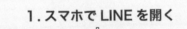